JÜRGEN FLUCK

Die Erfüllung des öffentlich-rechtlichen Verpflichtungsvertrages durch Verwaltungsakt

Schriften zum Öffentlichen Recht

Band 485

Die Erfüllung
des öffentlich-rechtlichen Verpflichtungs-
vertrages durch Verwaltungsakt

Von

Dr. Jürgen Fluck

DUNCKER & HUMBLOT / BERLIN

CIP-Kurztitelaufnahme der Deutschen Bibliothek

Fluck, Jürgen:
Die Erfüllung des öffentlich-rechtlichen Verpflichtungsvertrages durch Verwaltungsakt / von Jürgen Fluck. — Berlin: Duncker und Humblot, 1985.
 (Schriften zum Öffentlichen Recht; Bd. 485)
 ISBN 3-428-05795-3
NE: GT

Alle Rechte vorbehalten
© 1985 Duncker & Humblot, Berlin 41
Gedruckt 1985 bei Berliner Buchdruckerei Union GmbH., 1000 Berlin 61
Printed in Germany
ISBN 3-428-05795-3

Meinen Eltern

Vorwort

Dirk Ehlers hat in seiner jüngst erschienenen Habilitationsschrift „Verwaltung in Privatrechtsform" für die Frage der Zuordnung von Erfüllungshandlungen der Verwaltung zum öffentlichen oder privaten Recht festgestellt, daß Erfüllungshandlungen der Verwaltung bisher kaum von der Verwaltungsrechtslehre in Blick genommen wurden (S. 480). Er führt weiter treffend aus: „Die Qualifikationsbedürftigkeit der Erfüllungshandlung wird aber spätestens dann offenkundig, wenn Komplikationen bei der Erfüllung auftreten."

Die vorliegende Arbeit beschäftigt sich mit den Problemen, die entstehen, wenn eine vertragliche Verpflichtung durch den Erlaß eines Verwaltungsaktes erfüllt wird und die dadurch bedingt sind, daß dann Verpflichtungs- und Erfüllungsgeschäft nach dem VwVfG unterschiedlichen Regeln unterliegen. Die Lösbarkeit dieser Probleme entscheidet mit darüber, ob der Verwaltungsakt ein zulässiges Handlungsinstrument zu Erfüllung öffentlich-rechtlicher Verpflichtungsverträge ist.

Die Untersuchung wurde im Sommersemester 1984 vom Fachbereich Rechts- und Wirtschaftswissenschaften der Johannes-Gutenberg-Universität Mainz als Dissertation angenommen. Rechtsprechung und Literatur konnten bis Mitte 1984 berücksichtigt werden. Die danach erschienenen Abhandlungen von Dirk Ehlers und Ingo Tschaschnig (Die Nichtigkeit subordinationsrechtlicher Verträge nach dem VwVfG) wurden eingearbeitet, soweit dies noch möglich war.

Meinem verehrten Lehrer, Herrn Prof. Dr. Christoph Trzaskalik, schulde ich Dank nicht nur für die Anregung des Themas, sondern auch für die großzügige Förderung und Unterstützung, die mir während meiner Tätigkeit als Wissenschaftlicher Mitarbeiter an seinem Lehrstuhl zuteil wurde. Herrn Prof. Dr. Hans-Werner Laubinger danke ich für das Zweitgutachten und manch vorangegangenen Hinweis.

Mainz, im November 1984

Jürgen Fluck

Inhaltsverzeichnis

Einleitung 13

I. Die gesetzliche Ausgangslage 16

   1. Verpflichtung und Erfüllung im Vertragsrecht des Verwaltungsverfahrensgesetzes 16

      a) Öffentlich-rechtliche Verpflichtungsverträge 16

      b) Die Erfüllung öffentlich-rechtlicher Verpflichtungsverträge ... 18

   2. Zur Entstehungsgeschichte des Verwaltungsverfahrensgesetzes .. 19

      a) Zur Entwicklung des öffentlich-rechtlichen Vertragsrechts bis zum Inkrafttreten des Verwaltungsverfahrensgesetzes 19

      b) Ziele und Vorstellungen des Gesetzgebers 20

   3. Probleme der Vertragserfüllung durch Verwaltungsakt 23

II. Verpflichtungs- und Erfüllungsgeschäfte 28

   1. Die Trennung zwischen Verpflichtungs- und Erfüllungsgeschäft im Zivilrecht 28

      a) Zeitlich-faktische Trennung von Verpflichtung und Erfüllung 28

      b) Rechtliche Trennung von Verpflichtungs- und Erfüllungsgeschäft 29

   2. Die Trennung von Verpflichtungs- und Erfüllungsgeschäft im öffentlichen Recht 30

      a) Öffentlich-rechtliche Verpflichtungen des Bürgers aufgrund Verwaltungsakt und öffentlich-rechtlichem Vertrag 30

         aa) Zeitlich-faktische Trennung von Verpflichtung und Erfüllung 31

         bb) Rechtliche Trennung von Verpflichtung und Erfüllung 32

      b) Öffentlich-rechtliche Verpflichtungen der Verwaltung 32

         aa) Selbstverpflichtungen zum schlichten Verwaltungshandeln 33

Inhaltsverzeichnis

bb) Selbstverpflichtung zum qualifizierten Verwaltungshandeln durch Zusage und öffentlich-rechtlichen Verpflichtungsvertrag 33

(1) Trennung von Verpflichtungs- und Erfüllungsakt bei der Normsetzung 33

(2) Trennung von Verpflichtungs- und Erfüllungsakt bei der Einzelfallregelung 34

(a) Zeitlich-faktisches Moment der Trennung zwischen Verpflichtungsakt und erfüllendem Verwaltungsakt 34

(b) Privatrechtliches Abstraktionsprinzip und Prinzip der Bestandskraft des Verwaltungsaktes 37

(c) Die unterschiedliche Ausgestaltung des Vertrags- und des Verwaltungsaktsrechts als Trennungsgrund 38

(aa) Schutzwürdige Interessen des Regelungsadressaten 38

(bb) Vertragsformverbote und öffentlich-rechtliche Verpflichtungsverträge 40

(cc) Aspekte der Verwaltungseffektivität 42

3. Zwischenergebnis 44

III. Die durch die Kombination von öffentlich-rechtlichem Verpflichtungsvertrag und vertragserfüllendem Verwaltungsakt entstehenden Probleme und ihre Lösung nach dem Verwaltungsverfahrensgesetz 45

1. Die Aufhebbarkeit und Anfechtbarkeit des vertragserfüllenden Verwaltungsaktes 46

a) Die Wirksamkeit und Erfüllbarkeit rechtswidriger öffentlich-rechtlicher Verpflichtungsverträge 46

aa) Zur Wirksamkeit des öffentlich-rechtlichen Vertrages 46

bb) Die Erfüllbarkeit rechtswidriger öffentlich-rechtlicher Verpflichtungsverträge 51

b) Die Rechtsgrundwirkung öffentlich-rechtlicher Verpflichtungsverträge 53

aa) Zur Rücknahme des vertragserfüllenden Verwaltungsaktes 53

bb) Zur Anfechtung des vertragserfüllenden Verwaltungsaktes durch den Dritten 55

(1) Zur Anwendung des § 58 Abs. 1 VwVfG auf den Verpflichtungsvertrag 56

(2) Die gerichtliche Durchsetzung von Ansprüchen aus rechtswidrigen Einzelverpflichtungen 57

(3) Relative Rechtswirkungen öffentlich-rechtlicher Verpflichtungsakte 58

cc) Die materiell-rechtliche Funktion des öffentlich-rechtlichen Vertrages 61

(1) Rechtswidrige wirksame Akte im Verwaltungsrecht und die Rechtmäßigkeit darauf aufbauender Akte 62

（2) Vergleich der materiell-rechtlichen Funktion von
öffentlich-rechtlichem Vertrag und Verwaltungsakt .. 63
  (a) Individualisierungs- und Klarstellungsfunktion ... 63
  (b) Verwaltungsakt und öffentlich-rechtlicher Vertrag
      als Rechtsquelle 64

c) Der Widerruf des vertragserfüllenden Verwaltungsaktes 66

  aa) Die Rechtslage bei ausdrücklicher vertraglicher Regelung
      der Widerrufbarkeit 66

  bb) Die Rechtslage bei Fehlen ausdrücklicher Bestimmungen
      über die Widerrufbarkeit 68

    (1) Die Anwendung der Widerrufsgründe des § 49 Abs. 2
        Satz 1 Nr. 2 - 4 VwVfG auf den vertragserfüllenden
        Verwaltungsakt 69

    (2) Die Anwendbarkeit sonstiger Aufhebungsgründe auf
        den vertragserfüllenden Verwaltungsakt 70

      (a) Folgerungen aus der Rechtsgrundwirkung des
          öffentlich-rechtlichen Verpflichtungsvertrages 71

      (b) Konkludente Einbeziehung der Aufhebungsgründe
          in den Verpflichtungsvertrag 73

d) Zwischenergebnis 75

e) Folgerungen für die Verwendung der Kombination bei Vertragsformverboten 75

2. Die Vereinbarkeit der vertraglichen Bindung mit der Bestandskraft des Verwaltungsaktes 76

  a) Kollisionen zwischen öffentlich-rechtlichem Vertrag und Verwaltungsakt 76

  b) Zur Durchsetzung vertraglicher Forderungen durch Verwaltungsakt 78

  c) Zur gerichtlichen Durchsetzung vertraglicher Ansprüche 83

  d) „Überlagerung" der vertraglichen Regelung oder Nichtigkeit
     des vertragswidrigen Verwaltungsaktes? 87

    aa) Prinzipien der Kollisionsvermeidung von öffentlich-rechtlichen Regelungsakten 87

    bb) Konkludente Vertragskündigung durch Erlaß eines vertragswidrigen Verwaltungsaktes 89

    cc) Aufhebung des öffentlich-rechtlichen Vertrages durch Verwaltungsakt 91

    dd) Entsprechende Anwendung des Satzes „lex posterior
        derogat legi priori" 92

    ee) Überlagerung des öffentlich-rechtlichen Vertrages durch
        den vertragswidrigen Verwaltungsakt? 92

    ff) Nichtigkeit des vertragswidrigen Verwaltungsaktes 94

  e) Zwischenergebnis 99

3. Die Folgen der Nichtigkeit des öffentlich-rechtlichen Verpflichtungsvertrages für den vertragserfüllenden Verwaltungsakt 99

   a) Zur unterschiedlichen Fehlerfolge bei Verwaltungsakt und öffentlich-rechtlichem Vertrag 102

   b) Die Nichtigkeit des Verpflichtungsvertrages als Rechtswidrigkeitsgrund für vertragserfüllende Verwaltungsakte 104

   c) Die Nichtigkeit des Verpflichtungsvertrages als Nichtigkeitsgrund für „vertragserfüllende" Verwaltungsakte 108

      aa) Nichtigkeit des vertragserfüllenden Verwaltungsaktes aufgrund Rechtsgrundabhängigkeit 108

      bb) Die entsprechende Anwendung des § 44 Abs. 4 VwVfG auf den „vertragslosen" Verwaltungsakt 112

   d) Zwischenergebnis 115

4. Die Anwendung der verwaltungsaktsspezifischen Verfahrens- und Formvorschriften auf den vertragserfüllenden Verwaltungsakt .. 116

   a) Die Anhörung gem. § 28 VwVfG 116

   b) Die Rechtsbehelfsbelehrung nach § 59 VwGO 117

   c) Die Begründungspflicht gem. § 39 VwVfG 117

IV. Zusammenfassung und Schlußüberlegungen 119

Literaturverzeichnis 123

Einleitung

Ebenso wie im Zivilrecht wird im öffentlich-rechtlichen Vertragsrecht zwischen Verpflichtungsverträgen und Verfügungsverträgen unterschieden.[1] Verpflichtungsverträge bedürfen im Gegensatz zu Verfügungsverträgen noch der Erfüllung.[2] Während der privatrechtliche Begriff des Verfügungsvertrages nur die dinglichen Verfügungen erfaßt, nämlich die Rechtsgeschäfte, die unmittelbar durch Belastung, Inhaltsänderung, Übertragung oder Aufhebung auf ein schon bestehendes Recht einwirken[3], subsumiert die Literatur teils auch solche Verträge unter den Begriff des öffentlich-rechtlichen Verfügungsvertrages, durch die eine Genehmigung oder Erlaubnis unmittelbar erteilt werden soll[4]. Die inhaltliche Zulässigkeit dieser sogen. Verfügungsverträge wird ganz überwiegend bejaht.[5]

In der Praxis werden Genehmigungen regelmäßig nicht durch Vertrag erteilt.[6] Soll die Gewährung einer Erlaubnis durch Vereinbarung herbeigeführt werden, so erfolgt dies rechtstechnisch durch eine Kombination von öffentlich-rechtlichem Verpflichtungsvertrag und einem Verwaltungsakt, der diesen Vertrag erfüllt und die erstrebte Regelung

---

[1] *Laubinger*, in: Ule / Laubinger, § 67 II 2; *Meyer*, in: Meyer / Borgs, § 54, Rdnr. 52 ff.; *Bonk*, in: Stelkens / Bonk / Leonhardt, § 54, Rdnr. 73 ff.; *Maurer*, Verwaltungsrecht, § 14, Rdnr. 14; *Erichsen / Martens*, § 27 I; *Redeker*, DÖV 1966, 543 ff.; *J. Martens*, JuS 1978, 611; *Schimpf*, Der verwaltungsrechtliche Vertrag unter besonderer Berücksichtigung seiner Rechtswidrigkeit, S. 74 ff.; *Bosse*, Der subordinationsrechtliche Verwaltungsvertrag als Handlungsform öffentlicher Verwaltung, S. 76 ff.

[2] Vgl. z. B. *Meyer*, in: Meyer / Borgs, § 54, Rdnr. 60.

[3] *Heinrichs*, in: Palandt, BGB, Anm. 3 d, vor § 104; *Jauernig*, BGB, Anm. 2 c bb, vor § 104; vgl. auch *Laubinger*, in: Ule / Laubinger, § 67 II 2; *Bonk*, in: Stelkens / Bonk / Leonhardt, § 54, Rdnr. 74.

[4] *Meyer*, in: Meyer / Borgs, § 54, Rdnr. 52, 60; wohl auch *Bonk*, in: Stelkens / Bonk / Leonhardt, § 54, Rdnr. 74; krit. *Schimpf*, S. 74 ff.; *Heberlein*, DVBl. 1982, 763 ff., 766. Der Begriff der Verfügung ist allerdings sowohl im Zivilrecht wie im öffentlichen Recht vieldeutig. Vgl. insoweit *K. Löwer*, VerwArch 56 (1965), 142 ff., 150 ff.

[5] *Laubinger*, in: Ule / Laubinger, § 67 II 1 a, § 69 V; *Meyer*, in: Meyer / Borgs, § 54, Rdnr. 52, 60; *J. Martens*, JuS 1978, 607 ff., 611; *Maurer*, Verwaltungsrecht, § 14, Rdnr. 14, 27; *Bonk*, in: Stelkens / Bonk / Leonhardt, § 54, Rdnr. 74, § 58, Rdnr. 12. Ablehnend z. B. *Grundei*, JZ 1977, 482; *K. Löwer*, VerwArch 56 (1965) 142 ff., 151; *Obermayer*, BayVBl 1977, 546 ff., 547, ders., VwVfG, § 54.

[6] In der Praxis treten echte Verfügungsverträge vornehmlich in Form der kommunalrechtlichen Gebietsänderungs- und Neugliederugsvereinbarungen auf, die allerdings auch Verpflichtungselemente enthalten.

enthält.⁷ Dem öffentlich-rechtlichen Vertrag wird deshalb fast ausschließlich Bedeutung als Verpflichtungsgeschäft zugemessen.⁸

Weder Rechtsprechung noch Rechtslehre haben sich bisher näher mit der Frage auseinandergesetzt, ob der Verwaltungsakt überhaupt ein zulässiges Erfüllungsinstrument für öffentlich-rechtliche Verpflichtungsverträge ist oder ob die vertraglichen Erfüllungsakte eigenen Gesetzlichkeiten folgen.⁹

Es stellt sich insbesondere die Frage, ob die Verknüpfung der im Verwaltungsverfahrensgesetz streng getrennten Handlungsformen des Verwaltungsaktes und des öffentlich-rechtlichen Vertrages systemkonform ist. So decken sich beispielsweise die Nichtigkeitsgründe in § 44 und § 59 VwVfG nicht, was zu unterschiedlichen Folgen auf der Verpflichtungs- und auf der Erfüllungsebene führen kann. Möglicherweise ist auch die Erfüllungsebene dem Vertragsrecht zu unterstellen und sind einseitige Erfüllungshandlungen der Verwaltung, soweit sie Erklärungen beinhalten, ihrer Rechtsnatur nach nicht als Verwaltungsakte, sondern als vertragliche Willenserklärungen zu verstehen.¹⁰ Ausgehend von dem zivilrechtlichen Vorbild könnte man aber auch dazu neigen, Verpflichtungsvertrag und Verfügungsvertrag miteinander zu kombinieren oder unter Zugrundelegung der erweiterten Definition den sogen. öffentlich-rechtlichen Verfügungsvertrag zu verwenden.

Diese Untersuchung beschränkt sich darauf, die Zulässigkeit der angesprochenen Kombination von öffentlich-rechtlichem Verpflichtungsvertrag und Verwaltungsakt, der im folgenden als vertragserfüllender Verwaltungsakt bezeichnet wird, zu überprüfen. Die Erfüllungshandlung des Bürgers wird dagegen vernachlässigt.

---

⁷ *Püttner* meinte jüngst treffend (DVBl 1982, 122 ff., 124), es gelänge dem öffentlich-rechtlichen Vertrag nicht, den „eigentlichen Regelungsakt zu integrieren".

⁸ Z. B.: *Maurer*, Verwaltungsrecht, § 14, Rdnr. 14; *Meyer*, in: Meyer / Borgs, § 54, Rdnr. 52; *Redeker*, DÖV 1966, 553 ff.; *K. Löwer*, VerwArch 56 (1965), 236 ff., 256; *Erichsen / Martens*, § 27 I. Wenn *Erichsen / Martens* ebenda als Beispiel für die Ausnahme eines dinglichen Verfügungsvertrages die Einigung nach § 110 BBauG nennen, so ist dies verfehlt. Nicht schon die Einigung, sondern erst die Ausführungsanordnung ersetzt nach § 117 V BBauG den „bisherigen Rechtszustand durch den neuen Rechtszustand".

⁹ Lediglich *Bullinger*, Gedächtnisschrift Hans Peters, S. 667 ff., 678 schneidet kurz die Frage an, ob die „Erfüllungsgeschäfte" öffentlich-rechtlicher Verpflichtungsverträge „ihre normale Rechtsnatur als Verwaltungsakt, Plan, Zahlung, Übereignung, Verzicht auf Rechtsmittel, Übernahme eines öffentlichen Amtes usw. behalten oder ob zumindest die vertraglich vereinbarte Entscheidung der Behörde ihre normale Rechtsnatur verliert und zur Vertragserklärung wird". Vgl. neuerdings *Tschaschnig*, Die Nichtigkeit subordinationsrechtlicher Verträge nach dem VwVfG, S. 32 ff.

¹⁰ Vgl. *Bullinger*, Gedächtnisschrift Hans Peters, S. 667 ff., 678.

Die Untersuchung setzt bei der gesetzlichen Ausgangslage an (Teil I) und versucht daran anschließend die Prinzipien, die einer Trennung in Verpflichtungs- und Erfüllungsakt zugrunde liegen und die daraus folgenden Konsequenzen darzustellen (Teil II). Darauf aufbauend soll anhand einzelner Vorschriften des Verwaltungsaktsrechts im Verwaltungsverfahrensgesetz überprüft werden, ob die Anwendung dieser Bestimmungen auf einen vertragserfüllenden Verwaltungsakt nicht zu unlösbaren Konflikten mit dem für das Verpflichtungsgeschäft geltenden Vertragsrecht führt (Teil III). Erst nach Gesamtschau der aufgetretenen Probleme und der in Betracht kommenden Lösungen läßt sich dann eine abschließende Aussage zur Rechtsnatur des Vertragserfüllungsaktes und der zu beachtenden Besonderheiten machen (Teil IV).

I. Die gesetzliche Ausgangslage

1. Verpflichtung und Erfüllung im Vertragsrecht des Verwaltungsverfahrensgesetzes

a) Öffentlich-rechtliche Verpflichtungsverträge

Das Verwaltungsverfahrensgesetz verwendet den Begriff des obligatorischen oder verpflichtenden öffentlich-rechtlichen Vertrages nicht ausdrücklich.[1] Es unterscheidet lediglich zwischen Vergleichsvertrag (§ 55 VwVfG) und Austauschvertrag (§ 56 VwVfG).

Der Austauschvertrag wird definiert als „öffentlich-rechtlicher Vertrag i. S. d. § 54 Satz 2, in dem sich der Vertragspartner der Behörde zu einer Gegenleistung verpflichtet". Aus der Definition ist zu entnehmen, daß durch öffentlich-rechtlichen Vertrag eine Leistungspflicht begründet werden kann.

Austauschverträge im Sinne des Gesetzes sind des weiteren nur solche Verträge, die eine Behörde mit dem Bürger abschließt, anstatt einen Verwaltungsakt zu erlassen (§ 54 Satz 2 VwVfG). Die Befugnis der Verwaltung, durch Verwaltungsakt zu handeln, besteht nur im Subordinationsverhältnis, also in der Regel im Staat-Bürger-Verhältnis.

Da der Bürger sich nach § 56 Abs. 1 VwVfG zu einer „Gegenleistung" verpflichtet, muß auch die Behörde eine Leistung erbringen. Fraglich ist jedoch, ob sie sich ebenfalls im Vertrag nur zur Leistungserbringung verpflichtet oder ob sie die Leistung schon mit Vertragsschluß erbringt.[2] § 56 Abs. 1 Satz 2 2. Halbs. und § 56 Abs. 2 VwVfG sprechen nur von der Leistung der Behörde. Für die erste Alternative spricht der Vergleich zum Zivilrecht. Dort werden obligatorische Verträge unterteilt in einseitig verpflichtende, zweiseitig verpflichtende und gegenseitige Verträge. Dem gegenseitigen Vertrag ist eigen, daß nicht nur jeden Vertragsteil Verpflichtungen treffen, sondern daß sich jeder um der Gegenleistung des anderen willen verpflichtet hat. Typisch für den gegenseitigen Vertrag ist der Austausch von Leistungen.[3] Es wird

---
[1] Vgl. auch *Laubinger,* in: Ule / Laubinger, § 67 II 2.

[2] Vgl. dazu den abweichenden Wortlaut in § 42 EVwVfG 1963, der von „vertraglicher Verpflichtung der Behörde" spricht.

deshalb auch die Bezeichnung Austauschvertrag verwendet. Legt man also das zivilrechtliche Vorbild zugrunde, so läßt sich im öffentlich-rechtlichen Austauschvertrag ein gegenseitig verpflichtender Vertrag erblicken.[4]

Auch dem Vergleichsvertrag wird im Privatrecht teils der Charakter eines gegenseitig verpflichtenden Vertrages zugesprochen.[5] Das durch öffentlich-rechtlichen Vergleichsvertrag gestaltete Rechtsverhältnis beruht nach § 55 VwVfG ebenfalls auf „gegenseitigem Nachgeben". Dies stützt die Annahme, daß die Beteiligten durch ihr Nachgeben Verpflichtungen begründen können.

Das VwVfG läßt demnach zumindest in Gestalt des Austauschvertrages und wohl auch in der des Vergleichsvertrages öffentlich-rechtliche Verpflichtungsverträge zu. Es erscheint deshalb zulässig, gem. § 62 Satz 2 VwVfG die privatrechtliche Definition des obligatorischen Vertrages, die sich aus den §§ 241, 305 BGB ergibt, auch ins öffentliche Recht zu übertragen. Danach liegt ein Verpflichtungsvertrag vor, wenn durch ihn ein Schuldverhältnis begründet wird, das den Gläubiger berechtigt, vom Schuldner ein Tun oder Unterlassen zu fordern. Verkürzt kann der öffentlich-rechtliche Verpflichtungsvertrag definiert werden als öffentlich-rechtlicher Vertrag, der zu einem Tun oder Unterlassen verpflichtet.[6]

Im Verwaltungsverfahrensgesetz findet dagegen der sogen. öffentlich-rechtliche Verfügungsvertrag keine besondere Ausgestaltung. § 54 Satz 2 VwVfG läßt sich aber so verstehen, daß die Behörde grundsätzlich sämtliche vorzunehmenden Regelungen statt durch Verwaltungsakt auch in Form eines öffentlich-rechtlichen Vertrages treffen kann. Gleiches wird man § 58 Abs. 2 VwVfG entnehmen können. Auch die Formulierung in § 59 Abs. 2 Nr. 1 bis 3, wonach die Nichtigkeit des Vertrages eintritt, soweit „ein Verwaltungsakt mit entsprechendem Inhalt" rechtswidrig wäre, deuten auf die Zulässigkeit des sogen. Verfügungsvertrages hin.[7]

Man wird deshalb mit der überwiegenden Meinung in der Literatur auch öffentlich-rechtliche Verträge als zulässig erachten können, die keinen Verpflichtungscharakter haben.[8]

---

[3] *Larenz*, Schuldrecht I, § 15 I; *Heinrichs*, in: Palandt, BGB, Anm. 1 c bb, Einführung vor § 320.

[4] Vgl. auch *Laubinger*, JA 1976, 107 ff., 108.

[5] Vgl. *Thomas*, in: Palandt, § 779 Anm. 1 a; *Larenz*, Schuldrecht I, § 7 IV m. w. Nachw. Vgl. auch K. *Löwer*, VerwArch 56 (1965), 236 ff., 259.

[6] Vgl. dazu *Meyer*, in: Meyer / Borgs, § 54, Rdnr. 52, der aber nur die Verpflichtung der Behörde betont.

[7] Vgl. *Schimpf*, S. 75.

[8] Vgl. Fn. 1 der Einleitung.

b) Die Erfüllung öffentlich-rechtlicher Verpflichtungsverträge

Läßt das Verwaltungsverfahrensgesetz zwar Verpflichtungsverträge zu, so äußert es sich doch nicht näher zum möglichen Inhalt der Verpflichtung und damit auch nicht zum Erfüllungsakt.

Es bestimmt allerdings in § 54 Satz 2 VwVfG, daß die Behörde „insbesondere" einen öffentlich-rechtlichen Vertrag schließen kann, „anstatt" einen Verwaltungsakt zu erlassen. Man könnte daraus entnehmen, daß das Verwaltungsverfahrensgesetz lediglich die alternative Verwendung von öffentlich-rechtlichem Vertrag und Verwaltungsakt erlaubt, nicht jedoch eine Kombination beider Handlungsformen. Eine derartig einschränkende Auslegung wird jedoch schon durch das Wort „insbesondere" in Frage gestellt. Der Gesetzgeber wollte lediglich klarstellen, daß Vertragsschlüsse nicht nur zwischen gleichgeordneten staatlichen Untergliederungen (sogen. koordinationsrechtliche Verträge), sondern auch im Subordinationsverhältnis zwischen Staat und Bürger zulässig sind.[9]

Dem Vertragsrecht läßt sich deshalb weder eine positive noch eine negative Aussage über die Zulässigkeit des Verwaltungsaktes als Erfüllungshandlung entnehmen.

Auch in Teil 3 des Verwaltungsverfahrensgesetzes, der die Rechtsvorschriften über den Verwaltungsakt enthält, findet sich kein Hinweis darauf, ob der Verwaltungsakt zulässige Handlungsform zur Erfüllung eines öffentlich-rechtlichen Verpflichtungsvertrages ist. Ob ein Einzelakt seiner Rechtsnatur nach ein Verwaltungsakt ist, bestimmt sich allein nach § 35 VwVfG. Der Zweck des Erlasses wird dort nur insofern berücksichtigt, als es sich um eine Maßnahme handeln muß, die auf Herbeiführung von Rechtsfolgen im Außenverhältnis gerichtet ist. Der darüber hinausgehende Zweck bleibt unberücksichtigt und kann demnach auch in der Vertragserfüllung liegen. Wird zwar dadurch die Rechtsnatur nicht in Frage gestellt, so ist doch auch noch keine Aussage über die Zulässigkeit der Handlungsform getroffen.

Das Verwaltungsverfahrensgesetz schweigt sich des weiteren sowohl über die Erfüllung der durch Verwaltungsakt begründeten Verpflichtungen wie über die Erfüllung vertraglicher Verpflichtungen aus. Es regelt weder die Erfüllungswirkung noch die Erfüllungsvoraussetzungen. § 62 Satz 2 VwVfG verweist zur Ergänzung des Vertragsrechts auf die Vorschriften des BGB. Die Vorschriften über die Erfüllung privatrechtlicher obligatorischer Verträge in den §§ 362 ff. BGB finden demnach entsprechende Anwendung auf öffentlich-rechtliche Verpflich-

---
[9] Vgl. BT-Drucks. 7/910, S. 79 ff. zu § 50 EVwVfG und Begründung zu § 40 EVwVfG 1963, S. 194 f.

tungsverträge.¹⁰ Aus der Verweisung auf das Zivilrecht läßt sich nicht schließen, daß die öffentlich-rechtlichen Handlungsformen als Erfüllungshandlung unzulässig sind. Ist die Verpflichtung zum Erlaß eines Verwaltungsaktes zulässig, kann die Erfüllung nur in dem Erlaß des geschuldeten Verwaltungsaktes bestehen.

2. Zur Entstehungsgeschichte des Verwaltungsverfahrensgesetzes

Möglicherweise läßt sich der Entstehungsgeschichte des Verwaltungsverfahrensgesetzes eine Aussage über die Erfüllbarkeit öffentlich-rechtlicher Verpflichtungsverträge durch Verwaltungsakt entnehmen.

a) Zur Entwicklung des öffentlich-rechtlichen Vertragsrechts bis zum Inkrafttreten des VwVfG

Auch für die Entwicklung des öffentlich-rechtlichen Vertrages ist das Werk *Otto Mayer*'s mitbestimmend. Da nach seinem System die Subordination des Bürgers unter den Staat bestimmendes Merkmal des öffentlichen Rechts war, mußten zumindest im Staat-Bürger-Verhältnis Handlungsformen ausscheiden, die auf Gleichordnung basieren. Auch soweit er die Mitwirkung des Bürgers für erforderlich hielt, sollte dies weder das Unterordnungsverhältnis noch die Anwendbarkeit des Verwaltungsaktes als Handlungsform der Verwaltung im öffentlichen Recht in Frage stellen.¹

Das System *Otto Mayer*'s setzte sich zwar unangefochten durch. Trotzdem verstummte die Ansicht nie ganz, die auch im öffentlichen Recht zweiseitige Handlungsformen zulassen, diese aber nicht nur als sogen. Verwaltungsakte auf Unterwerfung² oder zweiseitige Verwaltungsakte³ erfassen wollte.⁴

---

¹⁰ Vgl. *Laubinger*, in: Ule / Laubinger, § 71 I; *Meyer*, in: Meyer / Borgs, § 62, Rdnr. 14; *Kopp*, VwVfG, § 62, Rdnr. 5. Dagegen findet sich in § 47 AO eine ausdrückliche Regelung der Erfüllung. Vgl. auch Art. 203 des Entwurfs der Verwaltungsrechtsordnung für Württemberg von 1931.

¹ *Otto Mayer*, Zur Lehre vom öffentlich-rechtlichen Vertrage, AöR Bd. 3 (1888), 1 ff. Den koordinationsrechtlichen Vertrag wollte *Otto Mayer* jedoch zulassen, vgl. Deutsches Verwaltungsrecht II, 2. Aufl. (1917), S. 646.

² *Otto Mayer*, Deutsches Verwaltungsrecht I, 3. Aufl. (1924), S. 98.

³ *Walter Jellinek*, Verwaltungsrecht, 3. Aufl. (1931), S. 249.

⁴ Z. B.: *Apelt*, Der verwaltungsrechtliche Vertrag 1920; *Layer*, Zur Lehre vom öffentlich-rechtlichen Vertrag 1916; *Buddeberg*, Rechtssoziologie des öffentlich-rechtlichen Vertrages, AöR Bd. 8 (1925), 85 ff.; *Laband*, Staatsrecht des Deutschen Reiches, 5. Aufl. (1911), S. 446 ff., speziell zur Beamtenanstellung m. w. N. auf Vertreter der Vertragstheorie, S. 449, Fn. 1; vgl. auch Art. 47 des Entwurfs einer Verwaltungsrechtsordnung für Württemberg von 1931.

Mit der Ausdehnung der Leistungsverwaltung und dem damit einhergehenden Wandel der Anschauungen über das Verwaltungsrechtsverhältnis wurde auch der öffentlich-rechtliche Vertrag als Handlungsform der Verwaltung wiederentdeckt.[5] Die Praxis setzte den öffentlich-rechtlichen Vertrag insbesondere in atypischen Situationen ein, so im Anlieger- und Baurecht.[6] Hier finden sich auch insbesondere Fallgestaltungen, in denen sich die Verwaltung vertraglich zum Erlaß eines Verwaltungsaktes verpflichtete. Hervorzuheben sind insbesondere die Dispens- und Garagenablöseverträge.[7]

Die Kombination von öffentlich-rechtlichem Verpflichtungsvertrag und Verwaltungsakt wurde nicht als problematisch erachtet. Hauptstreitpunkt war vielmehr die Frage, ob der öffentlich-rechtliche Vertrag neben dem Verwaltungsakt, der mittlerweile gewohnheitsrechtlich anerkannt war, als Handlungsform der Verwaltung ohne weiteres zulässig oder ob eine besondere normative Ermächtigung vonnöten sei.[8]

b) Ziele und Vorstellungen des Gesetzgebers

An diese Entwicklung knüpfte der Gesetzgeber an. Mit der Regelung des Vertragsrechts im Verwaltungsverfahrensgesetz verfolgte er zwei Ziele. Er wollte dem öffentlich-rechtlichen Vertrag als in der Praxis angewandte Handlungsform der Verwaltung nicht die gesetzliche Anerkennung versagen und damit gleichzeitig die Meinungsverschiedenheiten über eine notwendige normative Ermächtigung beenden.[9] Ferner wollte er dem gewandelten Verständnis vom Staat-Bürger-Verhältnis genügen und deshalb die Verwaltung nicht nur auf einseitiges hoheitliches Handeln festlegen.[10] Er sah sich in diesem Ansinnen durch Stimmen in der Literatur und besonders durch eine Entscheidung des BVerwG[11] bestätigt, in der das Gericht den öffentlich-rechtlichen Ver-

---

[5] Vgl. aus der Literatur: *E. Stein*, AöR Bd. 86 (1961), 320 ff.; *J. Martens*, AöR Bd. 89 (1964), 429 ff.; *Stern*, VerwArch. Bd. 49 (1958), 106 ff.; *Salzwedel*, Die Grenzen der Zulässigkeit des öffentlich-rechtlichen Vertrages 1958; *Rupp*, JuS 1961, 59 ff.; *Imboden*, Der verwaltungsrechtliche Vertrag 1958. Weitere Nachweise bei *Schimpf*, S. 1 ff. und bei *Meyer*, in: Meyer / Borgs, § 54.

[6] Vgl. dazu die Begründung zum EVwVfG 1963, S. 186.

[7] Vgl. dazu: *Schulz*, Baudispensverträge 1964; *Rebhan*, Öffentlich-rechtliche Verträge im Bereich des Erschließungs-, Bauplanungs- und Bauordnungsrechts (Diss.), Frankfurt 1972; *von Campenhausen*, DÖV 1967, 662 ff.

[8] Vgl. BT-Drucks. 7/910, S. 79 zu § 50 EVwVfG. Gesetzlich zugelassen war der öffentlich-rechtliche Vertrag schon vor Inkrafttreten des Verwaltungsverfahrensgesetzes in besonderen Verwaltungsgesetzen wie z. B. in § 123 III BBauG. Weitere Nachw. bei *Bonk*, in: Bonk / Stelkens / Leonhardt, § 54, Rdnr. 10.

[9] Vgl. BT-Drucks. 7/910, S. 77.

[10] Ebenda.

2. Zur Entstehungsgeschichte des Verwaltungsverfahrensgesetzes

trag als adäquate Handlungsform der Verwaltung im modernen Rechtsstaat qualifizierte.

Allerdings meinte der Gesetzgeber nicht selbst den tatsächlichen Anwendungsbereich des öffentlich-rechtlichen Vertrages festlegen zu können, sondern er wollte hier Raum lassen für künftige Entwicklungen. Deshalb beschränkte er sich auf die seiner Ansicht nach für den Einsatz des öffentlich-rechtlichen Vertrages als Verwaltungsakts-Surrogat unbedingt nötigen Vorschriften.[12]

Im Verwaltungsverfahrensgesetz finden sich deshalb neben der gesetzlichen Zulassung des öffentlich-rechtlichen Vertrages in § 54 und den bereits angesprochenen Voraussetzungen für Vergleichs- und Austauschverträge lediglich besondere Regelungen über die Bindungswirkung öffentlich-rechtlicher Verträge. Dazu gehören die Nichtigkeitsgründe in § 59, die z. T. an die §§ 55, 56 und 57 anknüpfen und die Anpassungs- und Kündigungsvoraussetzungen nach § 60. § 61 VwVfG trifft zudem Aussagen über die Vollstreckung vertraglicher Forderungen.

Neben diesen spezifischen Anforderungen an öffentlich-rechtliche Verträge glaubte der Gesetzgeber zur Ergänzung auf das Vertragsrecht des BGB verweisen zu können (§ 62 Satz 2 und auch § 59 Abs. 1 VwVfG).

Es verwundert deshalb kaum, daß auch die Begründung nur wenig Auskunft über die hier angeschnittene Frage gibt. Für die Erfüllung öffentlich-rechtlicher Verträge wird ausdrücklich auf die §§ 62 Satz 2 VwVfG i. V. m. 362 ff. BGB verwiesen.[13] Daneben findet sich immerhin folgende Passage: „In bestimmten Fällen wird die Erfüllung des öffentlich-rechtlichen Vertrages den Erlaß eines Verwaltungsaktes für die vertragsschließende Behörde notwendig machen (so z. B. wenn ein öffentlich-rechtlicher Vertrag über die Bauerlaubnis geschlossen wird, da die Behörde den Baugenehmigungsantrag hätte ablehnen müssen, wenn sich der Antragsteller nicht verpflichtet hätte, an anderer Stelle Autoeinstellplätze zu schaffen). In diesen Fällen gibt es also — wie im Privatrecht — neben dem Kausalgeschäft, dem öffentlich-rechtlichen Vertrag, ein Erfüllungsgeschäft. Diese Trennung kann sich z. B. auf die Frage auswirken, ob ein Dritter durch den öffentlich-rechtlichen Vertrag in seinen Rechten verletzt ist. Dies wird gewöhnlich dann nicht der Fall sein, wenn der öffentlich-rechtliche Vertrag erst durch einen Verwaltungsakt realisiert werden muß."[14] Der Gesetzgeber hielt dem-

---
[11] BVerwGE 23, 213 ff. (216); BT-Drucks. 7/910, S. 78, Begründung zu § 50 EVwVfG.
[12] Vgl. BT-Drucks. 7/910, S. 77.
[13] BT-Drucks. 7/910, S. 82 zu § 56 EVwVfG.
[14] BT-Drucks. 7/910, S. 79, zu § 50 EVwVfG.

nach den öffentlich-rechtlichen Verpflichtungsvertrag und dessen Erfüllung durch Verwaltungsakt für zulässig.

Die Begründung vermerkt des weiteren zur Zusicherung: „Im Unterschied zum öffentlich-rechtlichen Vertrag ermangelt es der Zusicherung an der Begründung eines gegenseitigen Rechtsverhältnisses und der Vereinbarung eines Leistungsaustausches[15]." Diese Äußerung läßt wiederum den Schluß zu, daß der Gesetzgeber mit dem öffentlich-rechtlichen Verpflichtungsvertrag weniger ein weiteres Instrument zur Begründung einseitiger Verpflichtungen schaffen wollte. Vielmehr stand der Austauschvertrag im Vordergrund des Interesses, was sich auch an der gesetzlichen Regelung zeigt.

Aus den zurückhaltenden Formulierungen läßt sich jedoch nicht entnehmen, daß der Gesetzgeber dem öffentlich-rechtlichen Vertrag ausschließlich verpflichtungsbegründende Funktion zukommen lassen wollte.

Der erste Gesetzentwurf, der sich nur unwesentlich von der Endfassung unterschied, erfuhr insbesondere durch *Redeker*[16] starke Kritik. Dieser bemängelte, daß die Grundsätze des privatrechtlichen Abstraktionsprinzips im Gesetzentwurf zu wenig Berücksichtigung gefunden hätten. Der öffentlich-rechtliche Vertrag sei lediglich als Verpflichtungsgeschäft vorstellbar und bedürfe der Erfüllung in herkömmlichen Formen des Verwaltungshandelns, wie z. B. durch Erlaß eines Verwaltungsaktes.[17]

Wohl infolge der von *Redeker* geübten Kritik wurde der Entwurf in einigen Passagen geändert. § 42 Abs. 1 EVwVfG 1963, der den Austauschvertrag behandelte, verlangte noch, daß die Gegenleistung des Bürgers im sachlichen Zusammenhang mit „der vertraglichen Verpflichtung der Behörde" stehen solle. Ebenso stellte der Nichtigkeitsgrund in § 45 Satz 1 Nr. 1 EVwVfG 1963 auf die Nichtigkeit eines Verwaltungsaktes ab, „der die vertragliche Verpflichtung der Behörde zum Inhalt hatte".

Die geltende Fassung des Verwaltungsverfahrensgesetzes spricht jedoch nicht mehr von der vertraglichen Verpflichtung der Behörde, sondern von der vertraglichen Leistung (§ 56 Abs. 1 Satz 2 VwVfG) und stellt auf den Verwaltungsakt mit „entsprechendem Inhalt" (§ 59 Abs. 2 Nr. 1 VwVfG) ab. Das läßt vermuten, daß der Gesetzgeber der Ansicht *Redeker*'s die Stütze im Wortlaut nehmen wollte. Während in der Entwurfsbegründung zu § 44 EVwVfG 1963 für die Zustimmungsbedürf-

---

[15] BT-Drucks. 7/910, S. 59, zu § 34 EVwVfG.
[16] *Redeker*, DÖV 1966, 543 ff.
[17] Zustimmend *Bosse*, S. 76.

tigkeit öffentlich-rechtlicher Verträge seitens belasteter Dritte (jetzt § 58 Abs. 1 VwVfG) ausdrücklich das Beispiel einer Genehmigungserteilung durch Vertrag genannt wird, finden sich in der Entwurfsbegründung zum EVwVfG 1973 zu dieser geringfügig geänderten Vorschrift nur noch die vorsichtige Formulierung, ein öffentlich-rechtlicher Vertrag könne wie ein Verwaltungsakt in Rechte Dritter eingreifen[18].

Aus dieser Änderung des Gesetzes und der Begründung läßt sich weniger ein Sinneswandel als eine vorsichtige Reaktion des Gesetzgebers ableiten. Der öffentlich-rechtliche Vertrag sollte entgegen *Redeker* nicht nur in der Gestalt des Verpflichtungsvertrages Anwendung finden.

Festzuhalten bleibt, daß der Gesetzgeber die Erfüllung des öffentlich-rechtlichen Vertrages durch Verwaltungsakt wohl ebenso zulassen wollte, wie die alleinige Regelung durch öffentlich-rechtlichen Vertrag, auch wenn dies nicht ausdrücklich Niederschlag im Gesetz gefunden hat.

3. Probleme der Vertragserfüllung durch Verwaltungsakt

Folgt man der Vorstellung des Gesetzgebers, so zeigt sich alsbald, daß Verwaltungsaktsrecht und Vertragsrecht durch die Kombination von Verwaltungsakt und öffentlich-rechtlichem Vertrag in eine Spannungslage geraten, die der Gesetzgeber nicht voraussah und für die er deshalb keine ausdrücklichen Regelungen traf. Beide Ordnungssysteme finden bei der Kombination der Handlungsformen ihren Berührungspunkt in der Erfüllung, die sich nach § 62 Satz 2 VwVfG i. V. m. §§ 362 ff. BGB richtet.

Das führt zunächst zu der Frage, ob die an privatrechtlichen Erfordernissen ausgerichteten Rechtsfolgen der Erfüllung mit der Wirkung des Verwaltungsaktes in Einklang zu bringen sind. Durch die Erfüllung erlischt das durch öffentlich-rechtlichen Verpflichtungsvertrag begründete Schuldverhältnis ebenso wie ein privatrechtliches Schuldverhältnis (§ 62 Satz 2 VwVfG i. V. m. § 362 Abs. 1 BGB). Schuldverhältnis i. S. d. § 362 BGB ist die einzelne Leistungsverpflichtung, nicht jedoch der Vertrag als Ganzes. Er bleibt als Rechtsgrund der Leistung bestehen und schließt deren Rückforderung aus. Diese Grundsätze gelten auch im öffentlichen Recht, wie das Beispiel des öffentlich-rechtlichen Erstattungsanspruchs zeigt. Der wirksame und erfüllte öffentlich-rechtliche Vertrag steht als Rechtsgrund gem. §§ 62 Satz 2 VwVfG i. V. m. § 812 Abs. 1 BGB der Rückforderung einer schlicht hoheitlichen vertraglichen Leistung der Verwaltung entgegen. Die Erfüllung des

---
[18] BT-Drucks. 7/910, S. 81 zu § 54 EVwVfG.

öffentlich-rechtlichen Verpflichtungsvertrages führt deshalb nicht ohne weiteres zur Beendigung, sondern nur zur Inhaltsänderung vertraglich begründeter Rechtsverhältnisse[1].

Der öffentlich-rechtliche Erstattungsanspruch, gerichtet auf Rückabwicklung schlicht hoheitlichen Handelns, mag getreu seinem privatrechtlichen Vorbild in den §§ 812 ff. BGB vom Fehlen eines Rechtsgrundes abhängig sein. Fraglich ist aber, ob daraus geschlossen werden kann, daß auch die Aufhebung eines auf Vertragserfüllung gerichteten Verwaltungsaktes, gleich ob sie nun durch die Verwaltung (§§ 48, 49 VwVfG, 68 ff. VwGO) oder durch die Verwaltungsgerichte (§ 113 VwGO) erfolgt, vom Mangel des vertraglichen Rechtsgrundes abhängig ist. Konkret formuliert heißt dies beispielsweise: Steht es der Rücknahme eines Verwaltungsaktes gem. § 48 VwVfG entgegen, daß er zur Erfüllung eines wirksamen öffentlich-rechtlichen Vertrages erlassen wurde?[2] Muß eine vertragliche Verpflichtung bei der Entscheidung über die Anfechtungsklage eines Dritten gegen einen Verwaltungsakt mit Doppelwirkung berücksichtigt werden?[3]

Bejaht man diese Fragen, so folgt daraus eine Beschränkung der Aufhebbarkeit vertragserfüllender Verwaltungsakte gegenüber „normalen" Verwaltungsakten. Verneint man sie, bleibt der Umfang der gegenüber den Erfüllungspflichten sekundären Schadensersatzpflichten zu bestimmen.

Die Erfüllung einer vertraglichen Verpflichtung tritt des weiteren gem. § 362 I BGB nur ein, wenn „die geschuldete Leistung an den Gläubiger bewirkt wird". Entspricht die erbrachte Leistung nicht der geschuldeten, so bleibt der Anspruch erhalten. Damit stellt sich das Problem, ob dies im öffentlich-rechtlichen Vertragsrecht auch für den Fall gilt, daß der Erlaß eines Verwaltungsaktes geschuldet wird. Ist beispielsweise ein Verwaltungsakt schon deshalb rechtswidrig, weil er unter Abweichung oder in Widerspruch zur vertraglichen Verpflich-

---

[1] Daß die Erfüllung eines öffentlich-rechtlichen Verpflichtungsaktes zwar zum Erlöschen der Verpflichtung, aber nicht stets auch zur Erledigung oder zum Erlöschen des Aktes führt, wird immer wieder verkannt. Vgl. z. B. *Achterberg*, Verwaltungsrecht, § 20, Rdnr. 124; *Bullinger*, DÖV 1977, 812 ff., 819; unklar auch *Bachof*, in: Wolff / Bachof, § 54 I a 6. Deutlich hingegen *Henke*, Das Recht der Wirtschaftssubventionen als öffentliches Vertragsrecht, S. 416; *Erichsen / Martens*, § 10 II 7 a.
[2] So bisher nur *Obermayer*, in: BayVGH-Festschrift, 275 ff., 278; *Bonk*, in: Stelkens / Bonk / Leonhardt, § 59, Rdnr. 7; vgl. auch *Meyer*, in: Meyer / Borgs, § 54, Rdnr. 78. Dagegen spricht sich *Tschaschnig*, S. 39 aus.
[3] Das verneinen wohl *Redeker*, DÖV 1966, 543 ff., 545; *Bullinger*, Gedächtnisschrift Hans Peters, S. 667 ff., 678; *Bosse*, S. 77; *Laubinger*, in: Ule / Laubinger, § 69 V; *Erichsen / Martens*, § 27 II. Diese Autoren lehnen nämlich eine Anwendung des § 58 Abs. I VwVfG auf den öffentlich-rechtlichen Verpflichtungsvertrag ab. Anders beispielsweise *Bonk*, in: Stelkens / Bonk / Leonhardt, § 58, Rdnr. 12; *Meyer*, in: Meyer / Borgs, § 58, Rdnr. 8 ff.

3. Probleme der Vertragserfüllung durch Verwaltungsakt

tung erlassen wurde?[4] Kann des weiteren der private Vertragspartner seinen vertraglichen Anspruch auch dann noch durchsetzen, wenn der von der vertraglichen Verpflichtung abweichende Verwaltungsakt bestandskräftig geworden ist?[5]

Nicht ganz zu trennen von dem angeschnittenen Problemkreis der Erfüllung öffentlich-rechtlicher Verpflichtungsverträge ist die Frage, ob der Verwaltungsakt, der zur Erfüllung eines nichtigen Verpflichtungsvertrages ergeht, wirksam ist oder ob er die Nichtigkeit des Vertrages teilt.[6] Die Frage wird in der Literatur bisher allgemein im Sinne der ersten Alternative beantwortet.[7]

Die Rechtsprechung hat sich nur teilweise mit den angesprochenen Problemen beschäftigt. Allerdings betreffen die höchstrichterlichen Entscheidungen bisher größtenteils Verträge, die vor Erlaß des Verwaltungsverfahrensgesetzes abgeschlossen wurden.

Relativ häufig war die Frage nach der Durchsetzbarkeit vertraglicher Forderungen durch Verwaltungsakt zu beantworten. So mußte das Bundesverwaltungsgericht in seiner Entscheidung vom 13. 2. 1976[8] klären, ob die Verwaltung ihren Streit mit dem Bürger, der um die Frage ordnungsgemäßer Erfüllung einer vertraglichen Verpflichtung geführt wurde, durch Verwaltungsakt beenden darf. Das Gericht stützte seine ablehnende Entscheidung auf das Fehlen einer gesetzlichen Ermächtigungsgrundlage und die im Vertragsverhältnis bestehende „Waffengleichheit", die ein einseitiges hoheitliches Handeln der Verwaltung ausschließe.[9]

Anders entschied das Gericht hingegen, wenn im Beamtenverhältnis aufgrund vertraglicher Vereinbarung erbrachte Leistungen durch Verwaltungsakt zurückgefordert wurden. Besondere Grundsätze des Beamtenrechts sollen hier die einseitige Durchsetzung vertraglicher Ansprüche erlauben.[10]

---

[4] Bejahend *Meyer*, in: Meyer / Borgs, § 54, Rdnr. 78.
[5] Diese Fragen werfen bereits *Haueisen*, NJW 1963, 1329, 1332 und *Pieper*, DVBl 1967, 11 ff., 18, Fn. 75 auf.
[6] *Baring*, DVBl 1965, 180 ff., 183 weist bereits darauf hin, daß das Gesetz diesen Fall nicht regelt. Er erinnert dabei an die Einbürgerung Hitlers durch zuvor vereinbarte Begründung eines Beamtenverhältnisses, bei der einerseits die Dienstleistung wegbedungen, andererseits die Gehaltsannahme verweigert wurde. Vgl. auch *Heberlein*, DVBl 1982, 763 ff., 767, Fn. 42.
[7] Vgl. dazu *Bonk*, in: Stelkens / Bonk / Leonhardt, § 54, Rdnr. 75, § 58, Rdnr. 13, § 59, Rdnr. 9, § 62, Rdnr. 6; *Skouris / Tschaschnig*, Jura 1982, 493 ff., 501.
[8] BVerwGE 50, 171 ff.
[9] BVerwGE 50, 171 ff., 172 f.; ebenso OVG Münster, DVBl 1977, 903 ff.
[10] BVerwGE 40, 237, 238; 52, 183, 185.

In der Entscheidung vom 26.10.1979[11] war der Fall zu beurteilen, daß eine Behörde als Vertragspartner eines öffentlich-rechtlichen Vertrages durch Bescheid u. a. die Feststellung traf, ein vertraglicher Anspruch des privaten Vertragspartners bestehe nicht mehr. Das Bundesverwaltungsgericht führte hierzu aus, der Bescheid müsse aufgehoben werden, „damit die Bestandskraft des ablehnenden Verwaltungsaktes nicht der Klägerin entgegengehalten werden" könne, wenn diese ihren vertraglichen „Anspruch auf die noch nicht ausgezahlten Beihilfebeträge geltend mache".[12] Dem bestandskräftigen Verwaltungsakt käme danach Vorrang vor der vertraglichen Regelung zu.

In einer frühen Entscheidung aus dem Jahre 1963[13] hatte das Gericht die Wirksamkeit einer Zweckentfremdungsgenehmigung zu beurteilen, mit der eine Altbauwohnung, die der Zwangsraumbewirtschaftung unterlag, von dieser Zwangsbewirtschaftung freigestellt wurde. Der Genehmigungserteilung war eine sogen. „Freibauvereinbarung" vorausgegangen, in der der Genehmigungsadressat freiwillig eine Wohnung in einem frei finanzierten Gebäude der Wohnraumbewirtschaftung unterstellte. Solche Freibauvereinbarungen wurden in ständiger Rechtsprechung des Bundesverwaltungsgerichtes mangels gesetzlicher Grundlage als nichtig erachtet.[14] Das Gericht wertete die Freibauvereinbarung als Geschäftsgrundlage der Genehmigung und folgerte aus ihrem Fehlen die Nichtigkeit der erteilten Erlaubnis.

In gewissem Widerspruch dazu stehen Entscheidungen aus jüngerer Zeit. Das Bundesverwaltungsgericht hatte über die Wirksamkeit einer Ansiedlungsgenehmigung[15] sowie einer Baugenehmigung[16] zu urteilen, die zur Erfüllung nichtiger öffentlich-rechtlicher Verpflichtungsverträge ergangen waren. Beide Genehmigungen waren mit Auflagen verbunden, die auf den Verpflichtungsvertrag verwiesen und diesen ausdrücklich zum Bestandteil der Genehmigungen erklärten! Zur Rechtmäßigkeit oder Rechtswidrigkeit der Genehmigungen traf das Gericht keine Aussagen, lediglich die Auflagen wurden als rechtswidrig, aber mangels offenkundiger Nichtigkeit des Verpflichtungsvertrages nicht gleichfalls als nichtig erachtet. Die mittlerweile bestandskräftigen Auflagen sollten demnach Rechtsgrund der zur Erfüllung der vertraglichen Verpflichtung erbrachten Leistungen sein. Eine Auseinandersetzung mit

---

[11] BVerwGE 59, 60 ff.
[12] BVerwGE 59, 60 ff., 65 f.
[13] BVerwGE 17, 339 ff.
[14] BVerwGE 4, 111; 17, 339 ff., 341.
[15] BVerwG, Buchholz 310, § 40 VwGO, Nr. 91.
[16] BVerwG, NJW 1980, 1294; vgl. die insofern übereinstimmende Entscheidung der Vorinstanz VGH Bad.-Wttbg., BRS 30, 212 ff.

3. Probleme der Vertragserfüllung durch Verwaltungsakt

der Entscheidung aus dem Jahre 1963 findet sich jedoch in den Urteilen nicht.

Die oben besonders anhand der Rechtsprechung des Bundesverwaltungsgerichts skizzierten Probleme lassen sich auf zwei Grundfragen reduzieren:
1. Welchen Sinn hat eine Trennung in Verpflichtungsakt und regelnden Erfüllungsakt?
2. Ist es zulässig, den Verwaltungsakt zur Erfüllung vertraglicher Verpflichtungen einzusetzen?

Die Beantwortung der zweiten Frage erfordert in erster Linie ein Eingehen auf die zuvor angeschnittenen Probleme, die sich wiederum in vier Grundfragen ausdrücken lassen:
a) Verliert der öffentlich-rechtliche Verpflichtungsvertrag mit Erfüllung durch Erlaß des geschuldeten Verwaltungsaktes jegliche Wirkung und kommt dann nur noch „reines" Verwaltungsaktsrecht zur Anwendung?
b) Entfaltet ein vertragserfüllender Verwaltungsakt trotz Abweichung von einer vertraglichen Einzelfallregelung Bindungswirkung?
c) Ist ein vertragserfüllender Verwaltungsakt trotz Nichtigkeit des Verpflichtungsvertrages wirksam?
d) Finden die besonderen Verfahrensvorschriften über Anhörung (§ 28 VwVfG), Begründung (§ 39 VwVfG) und Rechtsmittelbelehrung (§ 59 VwGO) auf den vertragserfüllenden Verwaltungsakt Anwendung?

II. Verpflichtungs- und Erfüllungsgeschäfte

Es soll zunächst untersucht werden, welche Prinzipien einer Trennung in Verpflichtungs- und Erfüllungsakte im Privatrecht zugrunde liegen und ob sie in das öffentliche Recht übertragbar sind bzw. welche eigenständigen Grundsätze dort gelten.

1. Die Trennung zwischen Verpflichtungs- und Erfüllungsgeschäft im Zivilrecht

Das BGB trennt zwischen Verpflichtungsgeschäften (§§ 241, 305 BGB) und Erfüllungsgeschäften. Der Verpflichtungsinhalt kann aufgrund der privatrechtlichen Vertragsfreiheit vielfältiger Art sein. Entsprechend groß ist die Vielfalt der privatrechtlichen Erfüllungsgeschäfte.

a) Zeitlich-faktische Trennung von Verpflichtung und Erfüllung

Die Scheidung zwischen Verpflichtungsbegründung und Erfüllung im Privatrechtsverhältnis ist in vielen Fällen Abbild des natürlichen Lebensvorgangs. Sie erscheint zum einen selbstverständlich, wenn die Erfüllungshandlung zeitlich später erfolgen oder sich über längere Zeit erstrecken soll wie z. B. bei Dauerschuldverhältnissen. Zum anderen treten die Vereinbarungen zwischen den Vertragsparteien über ein bestimmtes Tun und dessen Ausführung auch in der Regel faktisch als zwei unterscheidbare soziale Akte in Erscheinung. So ist die Erfüllungshandlung oft nicht rechtsgeschäftlicher oder gar vertraglicher Natur, sondern lediglich die Verpflichtungsbegründung. Exemplarisch hierzu sind die privatrechtlichen Dienst- und Werkverträge. Verpflichtungsbegründung und Dienstleistung wie Werkherstellung fallen in aller Regel zeitlich auseinander. Sie treten auch nach außen hin als unterscheidbare soziale Akte in Erscheinung. Nur der Verpflichtung kommt rechtsgeschäftlicher Charakter zu. Der Inhalt des späteren Handelns wird vorgeformt. Dienstleistung und Herstellung des geschuldeten Werkes sind weitgehend nur reine Tathandlungen.

Auch die Herbeiführung der Erfüllungswirkung ist kein Rechtsgeschäft. Die Erfüllung tritt vielmehr durch reale Leistungserbringung kraft Gesetzes als objektive Tatbestandsfolge der Leistung ein.[1]

Eine Unterscheidung zweier unterschiedlicher Akte, nämlich Verpflichtung und Erfüllung, ist demzufolge in erster Linie Abbild des faktisch-zeitlichen Lebensablaufs.

b) Rechtliche Trennung von Verpflichtungs- und Erfüllungsgeschäft

Bei den sogen. Geschäften des täglichen Lebens entspricht eine Trennung in Verpflichtung und Erfüllung nicht der natürlichen Anschauung. Zeitlich-faktische Momente lassen sich kaum fassen. Das BGB behandelt trotzdem bestimmte Erfüllungshandlungen, die dinglichen Verfügungen, als vom Verpflichtungsgeschäft zu trennende eigenständige Rechtsgeschäfte. Beim Kauf wird beispielsweise zwischen dem Kaufvertrag als Begründung zweier gegenseitiger Verpflichtungen und der Erfüllung durch Übereignung der Ware und des Entgelts getrennt.[1] Die beiden Übereignungen sind selbständige Verfügungsverträge.

Neben dieses Trennungsprinzip tritt im BGB das Abstraktionsprinzip, das erst der Trennung in Verpflichtungs- und Erfüllungsgeschäft Sinn gibt. Das zivilrechtliche Abstraktionsprinzip hat zweifachen Inhalt: Zur Wirksamkeit des Erfüllungsgeschäfts gehört weder eine Bestimmung durch den Zweck (die Causa) des dinglichen Geschäfts in diesem selbst (inhaltliche Abstraktheit) noch das Vorhandensein eines wirksamen Verpflichtungsgeschäfts — das Erfüllungsgeschäft ist auch äußerlich abstrakt.[2]

Mittels dieser Abstraktion wird die Zuwendung durch das Verfügungsgeschäft, z. B. die Übereignung einer Sache, von der Rechtswirksamkeit des Kausalgeschäfts unabhängig gemacht.

Die Väter des BGB, für die das Abstraktionsprinzip eine aus dem römischen Recht bekannte Selbstverständlichkeit war[3], wollten mit der abstrakten Gestaltung der Verfügungsgeschäfte „die Sicherheit des Rechtsverkehrs"[4] gewährleisten. Insbesondere sollten Dritte beim dinglichen Erwerb sowie die Gläubiger des Erwerbers im Konkurs geschützt werden.[5]

Nicht nur an den eingangs erwähnten „Geschäften des täglichen Lebens" zeigt sich, daß das privatrechtliche Trennungs- und Abstrak-

---

[1] So die h. M. im Zivilrecht; vgl. *Larenz*, Schuldrecht I, § 18 I; *Heinrichs*, in: Münchner Kommentar zum BGB, § 362, Rdnr. 6.
[2] *Jauernig*, BGB, vor § 854, Anm. IV 2.
[3] Vgl. dazu *Flume*, Allgemeiner Teil des bürgerlichen Rechts Bd. II, § 12 III 2, unter Hinweis auf die Lehre *Savigny*'s vom selbständigen dinglichen Vertrag und m. w. Nachw.
[4] Vgl. Motive III 7.
[5] *Flume*, § 12 II 3.

tionsprinzip lediglich eine rechtliche Konstruktion ist und weniger dem tatsächlichen Lebenslauf entspricht. So führen andere europäische Rechtsordnungen eine rechtliche Trennung oder gar Abstraktion nicht oder nur unvollständig durch. Im französischen Code civil wird beispielsweise der Erwerb beweglicher Sachen nicht rechtlich aufgespalten in Kaufvertrag und Übereignung. Beides fällt in einem Akt zusammen.[6] Im schweizerischen Zivilrecht trennt man bei der Übereignung beweglicher Sachen zwischen Verpflichtung und Erfüllung. Der Eigentumsübergang und damit die Erfüllung erfolgt erst durch Übergabe der geschuldeten Sachen. Umstritten ist jedoch, ob diese Übergabe rechtsgeschäftlicher Natur ist und eine Einigung voraussetzt oder ob es sich bloß um einen Realakt handelt. Davon abgesehen wird der Übergabe keine abstrakte, sondern kausale Wirkung zugesprochen.[7] Die schweizerische Ausgestaltung entspricht der Eigentumsübertragung nach dem preußischen allgemeinen Landrecht (ALR I 7 § 58, I 9 § 2 bis 6, I 10 § 1 bis 3).

Die Trennung zwischen Verpflichtungs- und Erfüllungsgeschäft im deutschen Zivilrecht ist demnach sowohl Abbild der durch den Lebenslauf vorgegebenen faktisch-zeitlichen Unterscheidbarkeit verschiedener Handlungsakte wie auch der rechtlichen Verselbständigung bestimmter Erfüllungsakte.

2. Die Trennung von Verpflichtungs- und Erfüllungsgeschäft im öffentlichen Recht

Es fragt sich, ob die für das Zivilrecht geltenden Prinzipien auch im anders strukturierten öffentlichen Recht Anwendung finden. Dem Bürger als Gewaltunterworfenem stehen nicht die gleichen Handlungs- und damit auch Erfüllungsformen wie dem Staat zur Verfügung. Das legt eine Differenzierung zwischen Verpflichtungen des Bürgers und Verpflichtungen der Verwaltung nahe.

a) Öffentlich-rechtliche Verpflichtungen des Bürgers aufgrund Verwaltungsakt und öffentlich-rechtlichem Vertrag

Im Verwaltungsrecht lassen sich Verwaltungsakte mit belastendem und mit begünstigendem Charakter unterscheiden. Daneben gibt es Verwaltungsakte mit Doppel- und Mischwirkung, die sowohl belastende wie begünstigende Wirkung haben. Die belastenden Verwaltungsakte können nicht nur rechtsgestaltender und feststellender Art sein, son-

---

[6] Vgl. z. B. § 1138 Code civil und dazu *Hubrecht*, Das französische Zivilrecht, S. 70.

[7] Vgl. *Tuor / Schnyder*, Das schweizerische Zivilgesetzbuch, S. 585, 583.

2. Verpflichtungs- und Erfüllungsgeschäfte im öffentlichen Recht

dern den Adressaten auch zu einem Tun, Dulden oder Unterlassen verpflichten.[1] Sie bedürfen dann der Befolgung oder anders ausgedrückt der Erfüllung. Während der Bürger bei der Verpflichtungsbegründung durch Verwaltungsakt in der Regel nicht mitwirkt, verpflichtet er sich durch öffentlich-rechtlichen Vertrag selbst.

aa) Zeitlich-faktische Trennung von Verpflichtung und Erfüllung

Eine dem natürlichen Lebensvorgang entsprechende zeitliche und faktische Trennung in Verpflichtungsbegründung und Erfüllung findet sich auch im öffentlichen Recht. Wenn der Adressat einer verpflichtenden Regelung an deren Zustandekommen nicht beteiligt wird, wie beim Erlaß einer Polizeiverfügung, ist eine zeitliche und faktische Trennung zwingend, da der Bürger die Verfügung erst zeitlich später erfüllen kann.

Nichts anderes gilt, wenn der Bürger die Erfüllung verweigert und die Verpflichtung zwangsweise durchgesetzt wird.[2] Bei Mitwirkung des Verpflichteten, so beim öffentlich-rechtlichen Vertrag und beim mitwirkungsbedürftigen Verwaltungsakt, finden sich ebenfalls wie im Zivilrecht zeitlich-faktische Aspekte, die eine Trennung natürlich erscheinen lassen. So kann sich der Bürger vertraglich zu einem zukünftigen Tathandeln verpflichten, wie z. B. den Abbruch eines baurechtswidrigen Gebäudes[3]. Ebenso läßt sich das durch mitwirkungsbedürftigen Verwaltungsakt begründete Beamtenverhältnis insoweit mit privatrechtlichen Dienstverhältnissen vergleichen, als die durch Beamtenernennung begründeten Dienstleistungspflichten der ständigen Erfüllung bedürfen.

---

[1] Vgl. *Bachof*, in: Wolff / Bachof, § 47 VI a.

[2] Eine (scheinbare) Ausnahme stellt die unmittelbare Ausführung einer polizeilichen Maßnahme dar. Die Polizeigesetze stellen diese dem Erlaß einer polizeilichen Verfügung gleich (z. B. § 49 Abs. 1 Satz 2 rh.-pf. PVG). Kraft gesetzlicher Fiktion liegt im Realakt ein Verwaltungsakt, Verpflichtung und Erfüllung fallen in einen Akt zusammen. Es stellt dies ein Überbleibsel der Lehre *Walter Jellinek*'s (Verwaltungsrecht, S. 258 f.) von den Verwaltungsakten tatsächlicher Art dar, nach der z. B. körperliche Betätigungen Verwaltungsakte sein sollten. Er meinte, in jeder belastenden Handlung des Staates sei ein Duldungsbefehl enthalten. Dieser weite Begriff des Verwaltungsaktes erklärt sich aus dem Bestreben, sämtliche Handlungen der Gerichtskontrolle zu unterziehen und hat sich deshalb mit Einführung der Generalklausel des § 40 VwGO erübrigt (vgl. *Renck*, JuS 1970, 113, 114 f.; *Götz*, Allgemeines Polizei- und Ordnungsrecht, S. 164 f.). Die Abgrenzung zum konkludenten Verwaltungsakt bereitet oft Schwierigkeiten, wie die wenig überzeugenden Entscheidungen BVerwGE 26, 161 ff.; OVG Berlin, JR 1970, 435 (und diesen zustimmend *von Mutius*, Jura 1979, 153 f., 154) belegen. Die Annahme eines konkludenten Verwaltungsaktes ist jedenfalls verfehlt, wenn dem Realakt ein „gleichinhaltlicher" Verwaltungsakt vorausgegangen ist (so richtig *Bachof*, in: Wolff / Bachof, § 46 V a).

[3] Vgl. OVG Münster, DÖV 1960, 798 und dazu *Rupp*, JuS 1961, 59 ff.

bb) Rechtliche Trennung von Verpflichtung und Erfüllung

Der Bürger erfüllt nach allgemeiner Auffassung auch seine öffentlich-rechtlichen Leistungspflichten durch privatrechtliches Handeln.[4] Die Erfüllung der Steuerschuld oder eines Leistungsbescheides erfolgt ebenso wie die Erfüllung einer durch öffentlich-rechtlichen Vertrag begründeten Geldzahlungspflicht durch privatrechtliche Übereignung. Da die Übereignung ein abstrakter Verfügungsvertrag ist, gilt das privatrechtliche Abstraktionsprinzip auch im öffentlichen Recht. Die Erfüllung ist danach nicht nur Schnittpunkt zwischen Verpflichtungs- und Erfüllungsgeschäft, sondern auch zwischen öffentlich-rechtlichem und privatrechtlichem Handeln.[5]

b) Öffentlich-rechtliche Verpflichtungen der Verwaltung

Die Verwaltung kann sich ihrerseits durch öffentlich-rechtliche Einzelakte in verschiedener Form und zu vielfältigem öffentlich-rechtlichem Handeln verpflichten. Neben den im VwVfG geregelten Formen Verwaltungsakt, öffentlich-rechtlicher Vertrag und Zusicherung ist insbesondere die allgemeine Zusage als Verpflichtungsakt zu nennen.

---

[4] *Krause*, Rechtsformen des Verwaltungshandelns, S. 53; *Tipke / Kruse*, § 224 Abgabenordnung, Rdnr. 1; *von Wallis*, in: Hübschmann / Hepp / Spitaler, § 224 Abgabenordnung, Rdnr. 2. Vgl. dazu jüngst *Ehlers*, Verwaltung, S. 481 ff. m. w. N.

[5] Ob die Trennung in öffentlich-rechtliche Verpflichtung und privatrechtliche Erfüllung gerechtfertigt ist, läßt sich bezweifeln. Immerhin sollte man überlegen, ob nicht auch Erfüllungsgeschäfte öffentlich-rechtlicher Verpflichtungen stets öffentlich-rechtlicher Natur sind. § 62 Satz 2 VwVfG ermöglicht es, die privatrechtlichen Vorschriften, insbesondere auch die sachenrechtlichen Regelungen in das öffentliche Recht zu übertragen. Die Erfüllung einer Geldzahlungspflicht des Bürgers könnte demnach durch öffentlich-rechtlichen Übereignungsvertrag gem. den §§ 54, 62 Satz 2 VwVfG, 929 BGB erfolgen. Erst in jüngster Zeit beschäftigt sich die Literatur mit diesem Problembereich. So meint beispielsweise *Schimpf* (S. 77): „Ebensowenig zweifelhaft kann sein, daß es verfügende Verträge gibt, die in Erfüllung verpflichtender Verträge abgeschlossen werden, etwa wenn in Erfüllung der Verpflichtung, ein Grundstück zu übereignen, der im Zivilrecht Auflassung genannte Vertrag geschlossen wird." Für eine Anwendung des öffentlich-rechtlichen Vertrages im Bereich der Erfüllung öffentlich-rechtlicher Verpflichtungen auch *v. Zezschwitz*, NJW 1983, 1873, 1876 f. und *Ehlers*, Verwaltung, S. 480 ff. *v. Zezschwitz* tritt für einen weitgehenden „Ersatz des sogenannten Verwaltungsprivatrechts durch Ausfächerung des öffentlichen Vertragsrechts" ein. Vgl. des weiteren das Beispiel bei *Meyer*, in: Meyer / Borgs, § 54, Rdnr. 60 am Ende und des weiteren *Gern*, S. 44 und *Henke*, S. 18, die für eine weitergehende Übertragbarkeit zumindest der schuldrechtlichen Vertragstypen auf das öffentliche Vertragsrecht eintreten. Zur Übertragung des Grundsatzes der Einheit der Rechtsverhältnisse auch auf das Verhältnis von Verpflichtungs- und Erfüllungsgeschäft vgl. *Schimpf*, S. 107 und zuletzt *Braun*, BayVBl. 1983, 225 ff., 231 m. w. N. Ablehnend *Gusy*, DVBl. 1983, 1222, 1223 f.

2. Verpflichtungs- und Erfüllungsgeschäfte im öffentlichen Recht 33

aa) Selbstverpflichtungen zum schlichten Verwaltungshandeln

Verpflichtungsinhalt kann zunächst ein schlichtes Verwaltungshandeln, auch als Real- oder Tathandeln bezeichnet, sein. Öffentlich-rechtliche Realakte werden verbreiteter Ansicht nach von öffentlich-rechtlien Rechtsakten abgegrenzt und sollen sich dadurch auszeichnen, daß sie nicht auf einen unmittelbaren Rechtserfolg als vielmehr auf einen tatsächlichen Erfolg gerichtet sind.[6]

Verpflichtungen der Verwaltung zu schlichtem Verwaltungshandeln können beruhen auf Verwaltungsakt, Zusage oder öffentlich-rechtlichem Vertrag. So mag sich eine Behörde vertraglich zur Durchführung der Erschließung oder zur Zulassung zur Anstaltsbenutzung verpflichten und durch Zusage zur Überlassung von Aktenstücken oder von Plakatierflächen im Wahlkampf. Durch Leistungsbescheid kann die Verpflichtung zur Geldzahlung begründet werden. Darüber hinaus läßt sich jede durch Verwaltungsakt erfolgte Selbstbindung und Regelung der Rechtslage im weitesten Sinne auch als eine Art Selbstverpflichtung der Behörde verstehen, sich gemäß der getroffenen Regelung zu verhalten. Durch entsprechendes späteres Verhalten wird diese Selbstverpflichtung erfüllt.[7]

Grund für die Trennung in Verpflichtungsakt und Erfüllungshandlung, die im Ausführen des schlichten Verwaltungshandelns besteht, ist wiederum das zeitlich-faktische Moment. Beide Akte können nicht uno actu zusammenfallen. Das privatrechtliche Abstraktionsprinzip tritt hinzu, soweit die Erfüllung z. B. bei der Geldzahlung in privatrechtlicher Rechtsform vorgenommen wird.

*bb) Selbstverpflichtung zum
qualifizierten Verwaltungshandeln durch Zusage
und öffentlich-rechtlichen Verpflichtungsvertrag*

Gegenstand einer Selbstverpflichtung der Verwaltung kann neben dem Realhandeln besonders der Erlaß von Regelungsakten sein. Dabei ist zwischen Normsetzung und Einzelfallregelung als Verpflichtungsinhalt zu differenzieren.

(1) Trennung von Verpflichtungs-
und Erfüllungsakt bei der Normsetzung

Die Zulässigkeit einer Kombination von Verpflichtungsakt — insbesondere Verpflichtungsverträgen — und Normsetzungsakt ist in Lite-

---
[6] *Rupp*, DVBl 1958, 117; *Bachof*, in: Wolff / Bachof, § 45 II a; *Maurer*, Verwaltungsrecht, § 15, Rdnr. 1. Kritisch dazu *Krause*, S. 54 ff., 57.
[7] Ähnlich auch *J. Martens*, JuS 1977, 607 ff., 612.

ratur und Rechtsprechung umstritten.[8] Nicht zeitlich-faktische Aspekte, sondern die unterschiedliche rechtliche Qualifikation des konkret-individuellen Verpflichtungs- und des abstrakt-generellen Erfüllungsaktes erzwingen eine Trennung in zwei Handlungen. Die verschiedene Rechtsnatur dieser Handlungsformen schließt ein Zusammenfallen uno actu aus.[9] Der Grund für eine Kombination des öffentlich-rechtlichen Verpflichtungsvertrages mit einem Normsetzungsakt als Erfüllungshandlung birgt jedoch zugleich die Ursache für seine mögliche Nichtigkeit. Die unterschiedliche Rechtsnatur von Einzelakt und Norm bedingt verschiedene Verfahrensregeln. Bei Bindung an die vertragliche Verpflichtung droht die Gefahr, daß das gesetzlich vorgeschriebene Normsetzungsverfahren in aller Regel ausgeschaltet wird, da dem Normgeber dann kein eigener Ermessensspielraum verbleibt.[10]

(2) Trennung von Verpflichtungs-
und Erfüllungsakt bei der Einzelfallregelung

Ob ähnliche Probleme entstehen, wenn sich die Verwaltung zum Erlaß einer Einzelfallregelung verpflichtet, bleibt zunächst ausgeklammert.[11] Geklärt werden soll hier nur, welche Gründe einer Trennung von Verpflichtungs- und Erfüllungsgeschäft zugrunde liegen.

Es kann davon ausgegangen werden, daß es sich bei diesen Erfüllungsgeschäften um gestaltende und feststellende Regelungsakte handelt, die selbst nicht mehr oder nur im weitesten Sinne der Erfüllung bedürfen. In Betracht kommen z. B. Baugenehmigungen oder Dispense. Als auf den Erlaß einer Einzelfallregelung gerichtete öffentlich-rechtliche Verpflichtungsakte verbleiben damit vornehmlich die Zusicherung nach § 38 VwVfG und der öffentlich-rechtliche Verpflichtungsvertrag. Die allgemeine Zusage hat daneben keine große praktische Relevanz und wird hier vernachlässigt.

*(a) Zeitlich-faktisches Moment der Trennung zwischen
Verpflichtungsakt und erfüllendem Verwaltungsakt*

Um eine bestimmte öffentlich-rechtliche Einzelfallregelung zu treffen, erweist sich die Aufspaltung in öffentlich-rechtlichen Verpflichtungsakt und erfüllenden Verwaltungsakt aus zeitlich-faktischen Erwä-

---
[8] Vgl. etwa BVerwGE 42, 331; NJW 1980, 2358 ff.; BGHZ 76, 16; *Degenhart*, BayVBl 1979, 289, 293; *Krebs*, VerwArch 72 (1981), 49 ff.; *Papier*, JuS 1981, 498, 500 f.; *Schimpf*, S. 82 ff. m. w. N.
[9] Vgl. *Meyer*, in: Meyer / Borgs, § 54, Rdnr. 61 und zur normsetzenden Vereinbarung, die nicht unter den Begriff des öffentlich-rechtlichen Vertrages nach dem VwVfG fällt *Sachs*, VerwArch 74 (1983), 25 ff.
[10] Vgl. die Differenzierungsversuche der unter Fn. 8 genannten Autoren.
[11] Vgl. dazu Teil III.

2. Verpflichtungs- und Erfüllungsgeschäfte im öffentlichen Recht

gungen zumindest als nicht zwingend. Dies erhellt schon aus der rechtlichen Möglichkeit, die Regelung unmittelbar ohne Vorschaltung eines Verpflichtungsgeschäftes durch Verwaltungsakt oder öffentlich-rechtlichen Vertrag zu erlassen. Dem Verwaltungsakt ist regelmäßig gerade kein Verpflichtungsgeschäft, nämlich Zusicherung oder öffentlich-rechtlicher Verpflichtungsvertrag, vorgeschaltet. Ebenso ist der öffentlich-rechtliche Vertrag nach jetzt wohl allgemeiner Ansicht nicht nur als Verpflichtungsgeschäft denkbar. Er kann auch in Gestalt des sogen. „Verfügungsvertrages" ergehen, d. h. eine Regelung treffen, die ansonsten durch Verwaltungsakt ergeht. Durch Vergleichsvertrag kann beispielsweise die vom Bürger erstrebte Regelung unmittelbar getroffen werden. In einem öffentlich-rechtlichen Austauschvertrag kann des weiteren sowohl eine Leistungspflicht des Bürgers begründet, wie gleichzeitig als Gegenleistung der Behörde vertraglich eine Erlaubnis erteilt werden.[12]

Gleichwohl ist eine Aufspaltung in Verpflichtungsakt und Erfüllungsakt nicht schon deshalb unzulässig. Das folgt für die Kombination von Zusicherung und Verwaltungsakt bereits aus § 38 Abs. 1 1. Halbs. VwVfG. Wann aber ist eine Trennung in Verpflichtungsakt und Erfüllungsakt sinnvoll und notwendig?

Die zeitliche Komponente spielt eine Rolle, wenn der Inhalt einer künftig vorzunehmenden Regelung festgelegt werden soll. So wird die Zusicherung in § 38 Abs. 1 Satz 1 1. Halbs. VwVfG definiert als „Zusage, einen bestimmten Verwaltungsakt *später* zu erlassen"[13]. In den Fällen aber, in denen sich der Inhalt der später zu erlassenden Regelung genauestens bestimmen läßt und im Verpflichtungsakt auch bestimmt wird, stellt sich die Frage, welchen Sinn es haben sollte, die Regelung, die auch für die Zukunft Wirkungen entfalten würde, nicht sofort, wenn auch unter aufschiebenden Bedingungen zu treffen. Eine rein zeitliche Trennung liegt jedenfalls weder im Interesse des Adressaten, der stets an einer frühzeitigen endgültigen Regelung interessiert sein wird, noch im Interesse der Behörde, die möglichst verfahrensökonomisch handeln will. So wird man vernünftigerweise kaum auf die Idee verfallen, dem Bauwerber nur deshalb zunächst die Zusicherung einer

---

[12] Vgl. dazu beispielsweise *Schimpf*, S. 76.
[13] Vgl. *Fiedler*, Funktion und Bedeutung öffentlich-rechtlicher Zusagen im Verwaltungsrecht, S. 230 und die Definition des BVerwG, DVBl 1966, 857: „Die Zusage ist ihrem Wesen nach hoheitliche Selbstverpflichtung mit Bindungswillen zu einem späteren Tun oder Unterlassen (Zukunftsbindung)." Vgl. dazu auch *Ehlers*, Verwaltung, S. 459 f. Das besagt aber nicht, daß alleine der Aspekt der Zukunftsbindung sämtliche Vorausentscheidungen zu Verpflichtungsgeschäften macht, wie *Scheuing* (VVDStRL 40, 153 ff., 170) das meint. Die Zukunftsbindung ist auch jedem Verwaltungsakt in den Grenzen der §§ 48 ff. VwVfG eigen.

künftigen Bauerlaubnis zu erteilen, weil er die Absicht hat, nicht sofort, sondern erst in drei Monaten mit dem Bau zu beginnen.

Eine Trennung in mehrere Akte oder Stufen rechtfertigt sich aber dann, wenn zu dem zeitlichen ein sachliches Moment tritt. Dies ist der Fall, wenn eine endgültige und abschließende Entscheidung erst zu einem späteren Zeitpunkt getroffen werden kann oder soll.[14] Als Beispiel läßt sich die vertragliche Zusage der Umzugskostenerstattung denken. Die Höhe dieser Umzugskosten ist bei Vertragsabschluß noch völlig ungewiß. Es ist des weiteren denkbar, daß bei Abschluß eines Vertrages über die Erteilung einer Baugenehmigung die Planungsunterlagen für das Vorhaben noch nicht vollständig vorgelegt werden können. Zu diesem Zeitpunkt ist dann nur eine vorläufige oder Vorab- bzw. Teilentscheidung möglich. Diese Verknüpfung von mehreren selbständigen aufeinander bezogenen Akten wird im öffentlichen Recht als gestuftes Verwaltungsverfahren bezeichnet.[15] Von einem gestuften Verwaltungsverfahren läßt sich möglicherweise auch in den Fällen sprechen, in denen der Verpflichtungsakt den Inhalt des Erfüllungsaktes nicht abschließend festgelegt hat. Auch hier tritt die von Wahl zutreffend herausgearbeitete Funktion des gestuften Verwaltungsverfahrens in Erscheinung, die darin beseht, ein Gesamtproblem stufenweise aufzuarbeiten und die Entscheidung stufenweise zu konkretisieren. Der Konkretisierungsprozeß hat dabei Doppelcharakter, „der für die einzelne (Zwischen-)Stufe sowohl Verfeinerungsbedürftigkeit bedeutet als auch das Abschneiden von Alternativen"[16]. Auf die bloße zweiteilige

---

[14] Ebenso *Obermayer*, NJW 1962, 1465, 1466; *Achterberg*, DÖV 1971, 397 ff., 399; *J. Martens*, JuS 1978, 468 ff., 471 und jüngst *Ehlers*, Verwaltung, S. 459 für die Zusicherung. Vgl. dazu auch die Ausführungen von *Schimpf*, S. 76.

[15] Allgemein dazu *Wahl*, DÖV 1975, 373 ff.; *Schmidt-Aßmann*, BVerwG-Festgabe, S. 569 ff.; *Ossenbühl*, NJW 1980, 1553 ff. Der Begriff des gestuften Verwaltungsverfahrens wird von *Schmidt-Aßmann* (ebenda, S. 571) auch auf die Verknüpfung von Verpflichtungs- und Erfüllungsakten angewendet. Die Kombination von Zusicherung und zusicherungserfüllendem Verwaltungsakt stellt gewissermaßen die „Urform" des gestuften Verwaltungsverfahrens dar (Vgl. hierzu den Streit um die Rechtsnatur und Wirkungsweise der Zusage: *Obermayer*, NJW 1962, 1465 ff.; *Zeidler*, Gutachten zum 44. Deutschen Juristentag 1962, 1 ff.; *Pfander*, Die Zusage im öffentlichen Recht 1970; *Achterberg*, DÖV 1971, 397 ff.; *Püttner*, JA 1975, 109 ff.; *Pieper*, VerwArch 59 (1968), 217 ff.; *Fiedler*, Zusagen, passim). Erst nachfolgend spalteten sich hier die heute im Vordergrund des Interesses stehenden Handlungsformen des gestuften Verwaltungsverfahrens, wie vorläufiger Verwaltungsakt, Vorbescheid und Teilgenehmigung, ab. Die Abgrenzung zwischen diesen Formen und der Zusicherung ist auch heute noch nicht gesichert, wie der Streit um den sekundären Regelungsgehalt von Vor- und Teilakten zeigt (dazu *Ossenbühl*, ebenda; *Selmer / Schulze-Osterloh*, JuS 1981, 393 ff., passim; *Büdenbender / Mutschler*, Bindungs- und Präklusionswirkung von Teilentscheidungen nach BImSchG und Atomgesetz, Rdnr. 307; *Breuer*, 6. Atomrechtssymposium, 243 ff.; *Rengeling*, NVwZ 1982, 217 ff.).

[16] *Wahl*, DÖV 1975, 373 ff., 375; ebenso *Weber*, DÖV 1980, 397, *Schmidt-Aßmann*, BVerwG-Festgabe, S. 569 ff., 572; *Ossenbühl*, NJW 1980, 1353 ff., 1355.

2. Verpflichtungs- und Erfüllungsgeschäfte im öffentlichen Recht

Stufung von Verpflichtungsakt und Erfüllungsakt übertragen heißt das, daß die Regelung des Verpflichtungsaktes zwar selbst schon das Gesetz konkretisiert, aber eben nur einige mögliche Alternativen der Einzelfallregelung ausgeschlossen hat und noch verfeinerungsbedürftig ist.[17] Dies läßt sich an einem Beispiel verdeutlichen: Verpflichtet sich die zuständige Baubehörde vertraglich oder durch Zusicherung, dem Bürger eine Bauerlaubnis für ein zweistöckiges Haus auf einem bestimmten Grundstück zu erteilen, so bleibt die nähere Ausgestaltung des Hauses zunächst noch offen. Eine weitere Konkretisierung ist erforderlich. Welche Besonderheiten bei der Konkretisierung eines Verpflichtungsvertrages zu beachten sind, bleibt später noch zu behandeln.[18] Wird jedoch im Verpflichtungsakt der Erfüllungsakt umfassend festgelegt, so ist eine nähere Ausgestaltung nicht mehr möglich. Dann läßt sich nicht von einem gestuften Verwaltungsverfahren sprechen und nur andere Gründe als zeitlich-sachliche können eine Aufspaltung in Verpflichtung und Erfüllung rechtfertigen.

*(b) Privatrechtliches Abstraktionsprinzip und
Prinzip der Bestandskraft des Verwaltungsaktes*

Offen bleibt zunächst, welchen Sinn es haben könnte, einen öffentlich-rechtlichen Verpflichtungsakt *gleichzeitig* mit dem selbständigen Erfüllungsakt vorzunehmen.[19]

Bei der Zusicherung findet sich eine solche Gestaltung nicht. Zusicherung und Zusicherungserfüllung fallen kraft Gesetzes (§ 38 Abs. 1 VwVfG) stets zeitlich auseinander. Im Vertragsrecht wird hingegen eine derartige Verknüpfung generell für zulässig erachtet. Da dann zeitlich-faktische Gesichtspunkte keine Rolle spielen können, kann sich die Aufspaltung in öffentlich-rechtlichen Verpflichtungsvertrag und vertragserfüllenden Verwaltungsakt nur auf rechtliche Erwägungen stützen. Sie wird auch zumeist unter Hinweis auf das privatrechtliche Abstraktionsprinzip für zulässig gehalten.[20] Fraglich ist demnach, ob das Verwaltungsrecht die Figur des „abstrakten Verwaltungsaktes" kennt.

---

[17] Zur Funktion des Vertrages als Normvollzugsinstrument vgl. noch unten III 1 b cc.

[18] Vgl. unten III.

[19] *Maurer* (Verwaltungsrecht, § 14, Rdnr. 27) spricht sich für den Fall, daß in einer Urkunde die Verpflichtung des Bürgers und die erstrebte Genehmigung enthalten ist, dafür aus, im Zweifel von zwei selbständigen Akten, nämlich Verpflichtungsvertrag und vertragserfüllendem Verwaltungsakt, auszugehen.

[20] Z. B. *Schimpf*, S. 75; *Bosse*, S. 76; *Baumanns*, Zwangsvollstreckung aus öffentlich-rechtlichen Verträgen, S. 20 m. w. N. Zuletzt ausführlich *Tschaschnig*, S. 32 ff.

Im Verwaltungsverfahrensgesetz findet sich kein direkter Hinweis auf eine Abhängigkeit des Verwaltungsaktes von einem Verpflichtungsakt. Für die Geltung des Abstraktionsprinzips könnte sprechen, daß nach überwiegender Ansicht die Unwirksamkeit des Verpflichtungsaktes den Bestand des Verwaltungsaktes unberührt lassen soll.[21] Dem Verwaltungsakt käme somit abstrakte Rechtsnatur im privatrechtlichen Sinne zu.

Ob diese Ansicht zutreffend ist, wird noch zu erörtern sein. Hier mag der Hinweis darauf genügen, daß das privatrechtliche Trennungs- und Abstraktionsprinzip, wie gezeigt wurde, kein apriorisches Rechtsprinzip ist, sondern auf gesetzlicher Anordnung beruht. Eine solche Regelung fehlt im öffentlichen Recht. Anders als im bürgerlichen Sachenrecht ist eine Kombination von Causa und abstraktem Erfüllungsgeschäft zur Herbeiführung einer bestimmten Rechtsfolge nicht zwingend erforderlich. Das Abstraktionsprinzip kann deshalb nicht zur Rechtfertigung einer Kombination von Verpflichtungsakt und erfüllendem Verwaltungsakt herangezogen werden.[22] Eine andere Frage ist, ob dieses Prinzip zur Bestimmung des Verhältnisses solcher miteinander kombinierten Akte dienen kann.[23]

(c) Die unterschiedliche Ausgestaltung des Vertrags- und des Verwaltungsaktsrechts als Trennungsgrund

Neben den Aspekten der zeitlich-sachlichen Stufung von Verwaltungsentscheidungen lassen sich möglicherweise Gründe für eine Trennung in öffentlich-rechtlichen Verpflichtungsvertrag und vertragserfüllenden Verwaltungsakt in der unterschiedlichen rechtlichen Ausgestaltung des Vertrags- und Verwaltungsaktsrechts finden.

(aa) Schutzwürdige Interessen des Regelungsadressaten

In den Fällen, in denen die Voraussetzung für eine endgültige Regelung zur Zeit des Vertragsschlusses schon vorliegt und deshalb insbesondere eine zeitliche Abstufung überflüssig ist, könnte es gleichwohl im Interesse des Regelungsadressaten liegen, daß die „eigentliche Regelung" in Form eines Verwaltungsaktes ergeht. Die Verwendung der Handlungsform des öffentlich-rechtlichen Vertrages birgt für den Bürger ein größeres Risiko als die Verwendung der Handlungsform des Verwaltungsaktes. Daß der Vertrag auch Vorteile birgt, bleibt hier zunächst unbeachtet. Zur Verdeutlichung sei auf den unterschiedlichen Umfang der Nichtigkeitsgründe verwiesen. Der Verwaltungsakt ist

---

[21] Vgl. beispielsweise BVerwG, Buchholz 310 § 40 VwGO Nr. 91; NJW 1980, 1294 und dagegen BVerwGE 17, 339 ff.

[22] Das verkennt *Tschaschnig*, S. 37 f.

[23] Vgl. noch unten III 3 c aa.

2. Verpflichtungs- und Erfüllungsgeschäfte im öffentlichen Recht

gem. § 44 VwVfG nur ausnahmsweise nichtig, meist nur bei Vorliegen eines schweren und offenkundigen Fehlers (§ 44 Abs. 1 VwVfG). Die Nichtigkeitsgründe in § 59 VwVfG erfassen demgegenüber einen viel größeren Bereich der Rechtswidrigkeit und sind überwiegend nicht von der Offenkundigkeit des Fehlers abhängig. Ein Vertrag, der in Rechte eines Dritten eingreift, ist gem. § 58 Abs. 1 VwVfG nur bei Zustimmung des Dritten wirksam.

Das angesprochene „Vertragsrisiko" läßt sich möglicherweise durch die Kombination von Vertrag und Verwaltungsakt verringern oder gar vermeiden. Überwiegend, wenn auch meist nicht ausdrücklich, wird die Ansicht vertreten, auf den vertragserfüllenden Verwaltungsakt fänden die verwaltungsaktsbezogenen Vorschriften ohne Einschränkung und ohne Berücksichtigung seines spezifischen Zweckes Anwendung.[24] Sollte dies zutreffend sein, so erwirbt der private Vertragspartner mit Erlaß des vertragserfüllenden Verwaltungsaktes im Hinblick auf evtl. drohende Nichtigkeitsfolgen eine sicherere Position. Darüber hinaus ist denkbar, daß sich das Zustimmungserfordernis durch den Dritten erst lange Zeit nach Vertragsschluß herausstellt. Die Kombination von Verpflichtungsvertrag und vertragserfüllendem Verwaltungsakt dürfte dann beispielsweise vorzuziehen sein, wenn ein Verstoß gegen ein gesetzliches Verbot gem. § 59 Abs. 1 VwVfG i. V. m. § 134 BGB nicht auszuschließen ist. Ebenso bietet es sich an, die erstrebte Regelung einem gesonderten vertragserfüllenden Verwaltungsakt vorzubehalten, falls Bürger und Verwaltung zwar über eine konkrete Rechtslage streiten und deshalb zum Abschluß eines Vergleichsvertrages gelangen, aber offen bleibt, ob die angenommene Ungewißheit auch „bei verständiger Würdigung des Sachverhaltes" (§§ 55, 59 Abs. 2 Nr. 3 VwVfG) besteht. Die Kombination von Verpflichtungsvertrag und Verwaltungsakt ist möglicherweise auch vorzuziehen, wenn unklar ist, ob Drittrechte betroffen werden. Erst der Verwaltungsakt kann die Berufung auf diese Rechte — zumindest nach Eintritt der Bestandskraft — ohne aktive Mitwirkung der Betroffenen ausschließen. Anderenfalls wäre der Vertragspartner gezwungen, die ausdrückliche Zustimmung der Betroffenen zu erlangen, d. h. ihm obläge die „Handlungslast", während der Verwaltungsakt dem Dritten die „Reaktionslast" auferlegt.

Die vorgenannten Aspekte sind ein Grund für die in der Literatur anzutreffende Ansicht, die im Zweifel von einer Kombination von Verpflichtungsvertrag und vertragserfüllendem Verwaltungsakt ausgeht, auch wenn in einer Urkunde sowohl vertragliche Verpflichtungen wie eine Genehmigung enthalten sind, Verpflichtung und Genehmigung

---

[24] Vgl. beispielsweise BVerwG, Buchholz 310, § 40 VwGO, Nr. 91; NJW 1980, 1294.

also *gleichzeitig* begründet wurden.[25] Eine solche Auslegungsregel rechtfertigt sich nur, wenn die Prämisse, nämlich die „Unabhängigkeit" vertragserfüllender Verwaltungsakte zutrifft. Und nur dann rechtfertigt sich eine Trennung in zwei Akte trotz gleichzeitiger Vornahme. Es gilt die Richtigkeit dieser Prämisse zu überprüfen.[26]

(bb) Vertragsformverbote und
öffentlich-rechtliche Verpflichtungsverträge

Der Rückgriff auf die Kombination von Verpflichtungsvertrag und Verwaltungsakt stellt sich des weiteren als Folge einer Einschränkung des Anwendungsbereichs öffentlich-rechtlicher Verträge durch gesetzliche Vertragsformverbote dar.

Gem. § 54 Satz 1 letzter Hs. kann ein öffentlich-rechtlicher Vertrag nur abgeschlossen werden, „soweit Rechtsvorschriften nicht entgegenstehen". Die überwiegende Auffassung in der Literatur sieht in dieser Vorschrift eine Zulässigkeitsvoraussetzung, die sich nur auf die Vertragsform, nicht aber auf den Vertragsinhalt bezieht.[27] Soweit sich aus einer gesetzlichen Vorschrift ein Vertragsformverbot ergibt, läßt sich eine Einzelfallregelung auf dem betreffenden Gebiet nicht durch öffentlich-rechtlichen Vertrag treffen. Ein Verstoß gegen das Vertragsformverbot hat allgemeiner Meinung nach die Nichtigkeit des Vertrages zur Folge, wobei allerdings die Herleitung dieses Ergebnisses Schwierigkeiten bereitet. Teils wird der „soweit"-Satz als gesetzliches Verbot i. S. d. § 59 Abs. 1 VwVfG i. V. m. § 134 BGB angesehen[28], teils wird das Ergebnis unmittelbar aus § 54 Satz 1 letzter Hs. VwVfG[29] oder auch aus § 59 Abs. 1 i. V. m. § 125 BGB[30] hergeleitet.

Das Vertragsformverbot soll einer verbreiteten Ansicht nach nur den sogen. Verfügungsvertrag, nicht aber Verpflichtungsverträge erfassen.[31] Als Beispiel wird regelmäßig die Beamtenernennung erwähnt. Aus ihrer detaillierten Regelung in den Beamtengesetzen und insbesondere aus dem Wirksamkeitserfordernis der Aushändigung der Urkunde (§ 6

---

[25] Vgl. z. B. *Maurer*, Verwaltungsrecht, § 14, Rdnr. 27.
[26] Vgl. unten III.
[27] *Meyer*, in: Meyer / Borgs, § 54, Rdnr. 66 - 68; *Knack*, § 54, Rdnr. 6.1; *Erichsen / Martens*, § 27 II Fn. 13; *Grupp*, VerwArch 69 (1978), 125 ff., 138; *Müller*, Die Verwaltung, 1977, 525 ff.; *Achterberg*, Verwaltungsrecht, § 20, Rdnr. 211.
[28] *Meyer*, in: Meyer / Borgs, § 54, Rdnr. 71; *Knack*, § 54, Rdnr. 6.1; *Laubinger*, in: Ule / Laubinger, § 67 III; *Achterberg*, Verwaltungsrecht, § 20, Rdnr. 211.
[29] *Krebs*, VerwArch 72 (1981), 49 ff., 55; *Erichsen / Martens*, § 27 IV; *Tschaschnig*, S. 152; *Bonk*, in: Stelkens / Bonk / Leonhardt, § 54, Rdnr. 46.
[30] *Maurer*, Verwaltungsrecht, § 14, Rdnr. 42.
[31] Zu diesem Ansatz schon *Stein*, AöR 86 (1961), 320 ff., 327; *Menger / Erichsen*, VerwArch 58 (1967), 171 ff., 176; *Tschaschnig*, S. 35 f.

2. Verpflichtungs- und Erfüllungsgeschäfte im öffentlichen Recht   41

Abs. 2 BBG)[32] will man schließen, daß sie nur in Form eines Verwaltungsaktes erfolgen könne. Zulässig seien hingegen die auf die Vornahme einer Ernennung durch Verwaltungsakt gerichteten Verpflichtungsverträge.[33] Diese Kombinationsmethode begegnete bereits beim sogen. Normsetzungsvertrag.[34] Der Unterschied zu jener Fallgestaltung liegt darin, daß die vertragliche Normsetzung definitionsgemäß ausgeschlossen ist — eine Norm stellt kein Rechtsverhältnis i. S. v. § 54 Satz 1 VwVfG dar —[35], wohingegen eine vertragliche Beamtenernennung sich konstruktionstechnisch durchführen läßt[36].

Akzeptiert man diese Prämisse eines Vertragsformverbotes für die Beamtenernennung, so bleibt in der Tat nur die Möglichkeit, im „Vorfeld" der eigentlichen Regelung durch Verwaltungsakt eine vertragliche Bindung einzugehen. Hierbei kann es sich nur um einen Verpflichtungsvertrag handeln. Durch dessen „Vorschaltung" werden vertragliche Bindungen auch hinsichtlich der Beamtenernennung begründet, ohne daß diese selbst erfolgt.

Fraglich bleibt allerdings, ob die durch den Verpflichtungsvertrag ausgelöste inhaltsmäßige Bindung des Ernennungsaktes nicht eine Ausdehnung des Vertragsformverbotes auch auf Verpflichtungsverträge erforderlich macht.[37] Dann wäre im Bereich von Vertragsformverboten eine Kombination von Verpflichtungsvertrag und vertragserfüllendem Verwaltungsakt ausgeschlossen.

---

[32] Gleiches soll für die Einbürgerung gelten (§ 16 RuStAG), vgl. *Knack*, § 54, Rdnr. 6.1.
[33] *Meyer*, in: Meyer / Borgs, § 54, Rdnr. 70; *Bonk*, in: Stelkens / Bonk / Leonhardt, § 54, Rdnr. 54; *Bull*, Verwaltungsrecht, S. 263; *Schimpf*, S. 35 Fn. 18, krit. allerdings auf S. 110 Fn. 96; *Wallerath*, Verwaltungsrecht, § 8 III 3 a. Im Ergebnis wohl ebenso *Kopp*, VwVfG, § 54, Rdnr. 27; *Knack*, § 54, Rdnr. 6.1.
[34] Vgl. auch *Meyer*, in: Meyer / Borgs, § 54, Rdnr. 69.
[35] Vgl. *Sachs*, VerwArch 74 (1983), 25 ff.
[36] Entgegen der wohl h. M. kann deshalb auch die Beamtenernennung in Form eines sogen. öffentlich-rechtlichen Verfügungsvertrages erfolgen. Die Aushändigung der Ernennungsurkunde gem. § 6 Abs. 2 Satz 1 BBG läßt sich als bloßes Formerfordernis verstehen, mit dessen Erfüllung der Vertrag erst Wirksamkeit erlangt. Die besonderen Nichtigkeitsgründe der §§ 11 BBG, 8 BRRG werden über § 59 Abs. 2 Nr. 1 VwVfG erfaßt. Durch vertragliche Vereinbarung kann sich der private Vertragspartner den Vorschriften des Beamtenrechts insbesondere über die Rücknahme (§§ 12 BBG, 9 BRRG) und Entlassung (§§ 28 ff. BBG, 22 ff. BRRG) unterwerfen. Die Durchführung der Entlassung ebenso wie beispielsweise eine Versetzung sind dann keine Verwaltungsakte, sondern vertragsrechtliche Erklärungen. Zur Beamtenernennung als öffentlich-rechtlichen Vertrag vgl. die Diss. von *Gitzinger*, Verwaltungsakt auf Unterwerfung, antragsbedingter Verwaltungsakt oder öffentlich-rechtlicher Vertrag, 1963.
[37] Zur Unterscheidung von Vertragsform- und Vertragsinhaltsverboten vgl. noch unten III 1 e und *Tschaschnig*, S. 36.

(cc) Aspekte der Verwaltungseffektivität

Nicht nur seine mangelnde drittrechtsgestaltende Wirkung oder der durch Vertragsformverbote beschränkte Anwendungsbereich sind Ursachen dafür, daß der öffentlich-rechtliche Vertrag in der Praxis stets in Form des Verpflichtungsvertrages und, soweit es um Rechtsgestaltung wie bei der Erteilung einer Baugenehmigung geht, in Kombination mit dem vertragserfüllenden Verwaltungsakt auftritt. Grund ist möglicherweise auch die unterschiedliche Eignung von öffentlich-rechtlichem Vertrag und Verwaltungsakt für bestimmte Verwaltungszweige.

Allgemein betrachtet ist der Verwaltungsakt als Mittel einseitiger Rechtsfolgenbestimmung nicht in gleichem Maße wie der öffentlich-rechtliche Vertrag geeignet, das Vertrauen des Bürgers in die Verwaltung zu stützen. Durch Verwaltungsakt wird dieser besonders bei belastenden Regelungen in „Zugzwang" gesetzt und muß durch Einlegung von Rechtsmitteln reagieren. Auf die Handlungsform „Verwaltungsakt" kann die Verwaltung dann nicht verzichten, wenn es gilt, Einzelfallregelungen in größerer Anzahl und gleicher Art, mit breiter Wirkung (sogen. Massenverfahren) wie z. B. bei der Großanlagengenehmigung oder zur raschen Durchsetzung des Rechts (z. B. im Polizei- und Ordnungsrecht) zu treffen. Wäre in diesen Fällen die Rechtsfolgenfestsetzung von der Zustimmung der Betroffenen abhängig, so hätte dies Schwerfälligkeit, wenn nicht Handlungsunfähigkeit der Verwaltung zur Folge.[38] Je größer der Stellenwert ist, den die Verwaltung oder das Gesetz der Mitwirkung des Bürgers zubilligt und je überschaubarer der betroffene Personenkreis ist, desto mehr spricht für die Verwendung des öffentlich-rechtlichen Vertrages. Insbesondere für die Fälle, in denen die Mitwirkung des Regelungsadressaten Wirksamkeitsvoraussetzung eines Verwaltungsakts ist, sollte man bedenken, ob hier nicht einer der eigentlichen Anwendungsbereiche des öffentlich-rechtlichen Vertrages liegt und der mitwirkungsbedürftige Verwaltungsakt insofern als Relikt der Lehre Otto Mayer's durch den öffentlich-rechtlichen Vertrag ersetzt werden sollte.[39]

Speziell für die Verknüpfung von öffentlich-rechtlichem Verpflichtungsvertrag und Verwaltungsakt sind in der Praxis wohl mehrere Gründe ausschlaggebend. Die Verwaltung ist einmal daran interessiert, eine von der zu gewährenden Begünstigung unabhängige Forderung zu erhalten. Wenn das Entstehen der Forderung, wie bei der Auflage, davon abhängig ist, daß der Adressat von der begünstigenden Regelung Gebrauch macht, so ist die Inanspruchnahme des Bürgers durch Ver-

---

[38] Ebenso z. B. *J. Martens*, AöR 89 (1963), 429 ff., 470.
[39] Vgl. auch *Rüfner*, Formen öffentlicher Verwaltung im Bereich der Wirtschaft, S. 327 ff.; *Götz*, JuS 1970, 1 ff.; jüngst *Gusy*, DVBl 1983, 1222 ff., 1227.

2. Verpflichtungs- und Erfüllungsgeschäfte im öffentlichen Recht

waltungsakt wenig effektiv. Eine vertragliche Verpflichtung entsteht hingegen unabhängig davon, ob der Bürger den Verwaltungsakt ausnutzt.[40] Im Gegensatz zur vertraglichen Regelung ist die Nebenbestimmung desweiteren isoliert mit Widerspruch und Anfechtungsklage angreifbar, auch wenn sie, wie die Auflage, erst die Voraussetzung für die Erteilung der begünstigenden Regelung schaffen sollte. Der Nachteil fehlender Vollstreckbarkeit vertraglicher Forderungen wird sich in der Regel durch die Unterwerfung des privaten Vertragspartners unter die sofortige Vollstreckung (§ 61 VwVfG) ausgleichen lassen. Zu berücksichtigen bleibt ferner der Umfang der vertraglichen Nichtigkeitsgründe. Die der eingangs erwähnten Entscheidung des Bundesverwaltungsgerichts[41] zugrunde liegende Vertragsgestaltung zeigt hier möglicherweise einen Ausweg. Der gesamte Vertrag oder zumindest die vertragliche Verpflichtung läßt sich zum Inhalt einer Auflage machen und hat so teil an der Bestandskraft und an der Vollstreckbarkeit des Verwaltungsaktes.

Die Verwaltung hat des weiteren ein eigenes Interesse daran, die Endregelung dem Verwaltungsaktsrecht zu unterstellen. Sie will damit nicht nur schützenswerte Interessen des Regelungsadressaten berücksichtigen, sondern auch sich selbst einen erweiterten Handlungsspielraum erhalten. Die Aufhebbarkeit eines Vertrages ist gegenüber den Möglichkeiten, Verwaltungsakte aufzuheben, eingeschränkt. Neben der Aufhebung des öffentlich-rechtlichen Vertrages durch Aufhebungsvertrag steht der Behörde nur die Kündigung gem. § 60 Abs. 1 VwVfG zu. Soweit nicht schwere Nachteile für das Gemeinwohl die Kündigung rechtfertigen (§ 60 Abs. 1 Satz 2 VwVfG), sind wesentliche Veränderungen der für die Festsetzung des Vertragsinhaltes maßgebenden Verhältnisse vonnöten (§ 60 Abs. 1 Satz 1 VwVfG). Im letzten Fall ist der Kündigung eine Vertragsanpassung vorrangig. Läßt man nicht entgegen dem eindeutigen Wortlaut des Gesetzes auch die Kündigung wegen „Fehlens der Geschäftsgrundlage" zu[42], so entsprechen die Aufhebungsgründe weitgehend den Widerrufsgründen gem. § 49 Abs. 2 Nr. 3 bis 5 VwVfG. Sofern der vertragserfüllende Verwaltungsakt dem normalen Verwaltungsaktsrecht unterliegt, kann die Verwaltung durch actus contrarius den Verwaltungsakt und damit die erbrachte Vertragsleistung beseitigen.

---

[40] Vgl. dazu auch *Schimpf*, S. 253; *Redeker*, DÖV 1966, 543 ff., 545; *Maurer*, Verwaltungsrecht, § 14, Rdnr. 20.
[41] BVerwG, Buchholz 310, § 40 VwGO, Nr. 91; NJW 1980, 1294 ff.; vgl. oben I 3.
[42] So *Bonk*, in: Stelkens / Bonk / Leonhardt, § 60, Rdnr. 9, 12; *Laubinger*, in: Ule / Laubinger, § 71 III und *Meyer*, in: Meyer / Borgs, § 60, Rdnr. 10 wollen die zivilrechtlichen Grundsätze über § 62 Satz 2 VwVfG anwenden.

Nicht zuletzt spricht für den kombinierten Einsatz von Verpflichtungsvertrag und Verwaltungsakt in der Praxis wohl auch die traditionsbedingte Tendenz der Verwaltung zum Handeln durch Verwaltungsakt. Das entscheidend von *Otto Mayer* geprägte Verwaltungsrechtssystem ist auch heute noch zu einem großen Teil auf die Handlungsform Verwaltungsakt fixiert. Der öffentlich-rechtliche Vertrag wird deshalb zurückhaltend eingesetzt und sicherheitshalber mit dem „typischen" Handlungsinstrument Verwaltungsakt verbunden.

3. Zwischenergebnis

Ebenso wie im Zivilrecht lassen sich im öffentlichen Recht gewisse Prinzipien der Trennung in Verpflichtungs- und Erfüllungsakte feststellen. Der Vergleich mit dem Zivilrecht, insbesondere mit dem zivilrechtlichen Trennungs- und Abstraktionsprinzip, hilft nicht weiter, wenn eine Rechtsgestaltung oder Erlaubniserteilung bezweckt wird. Innerhalb des sogen. gestuften Verwaltungsverfahrens liegt der Trennung in mehrere Akte ein zeitlich-sachliches Moment zugrunde. Dieses findet sich auch bei der Kombination von Verpflichtungsvertrag und vertragserfüllendem Verwaltungsakt. Fehlt das zeitlich-sachliche Moment, so läßt sich eine Trennung in Verpflichtungsvertrag und vertragserfüllenden Verwaltungsakt nur aufgrund der unterschiedlichen rechtlichen Ausgestaltung der beiden Handlungsformen erklären. Die Vorteile, die die Handlungsform Verwaltungsakt bietet, sollen dadurch erhalten werden.

III. Die durch die Kombination von öffentlich-rechtlichem Verpflichtungsvertrag und vertragserfüllendem Verwaltungsakt entstehenden Probleme und ihre Lösung nach dem Verwaltungsverfahrensgesetz

Die im Teil II aufgezeigten Gründe für eine Kombination der Handlungsformen Verwaltungsakt und öffentlich-rechtlicher Vertrag indizieren nicht automatisch auch die rechtliche Zulässigkeit der Kombination. Es stellt sich insbesondere die Frage, ob der Verwaltungsakt zulässiges Erfüllungsgeschäft einer vertraglichen Verpflichtung sein kann.

Nach allgemeiner Ansicht ist das einseitige regelnde Erfüllungsgeschäft seiner Rechtsnatur nach ein Verwaltungsakt. Legt man alleine die Definition des § 35 VwVfG zugrunde, so läßt sich dem kaum widersprechen. Der konkrete Zweck des vertragserfüllenden Verwaltungsaktes, nämlich die Vertragserfüllung, bleibt dort unberücksichtigt.

Es werden des weiteren auch keine Bedenken gegen die Zulässigkeit einer Vertragserfüllung durch Verwaltungsakt geäußert. Der Vergleich mit der Zusicherung mag dies in gewissem Maße stützen. Der Verwaltungsakt eignet sich danach auch zur Erfüllung einer durch Einzelakt begründeten Verpflichtung.

Das Verwaltungsverfahrensgesetz hat jedoch den Verwaltungsakt und den öffentlich-rechtlichen Vertrag als alternative Handlungsformen konzipiert und sie unterschiedlichen Rechtsregeln unterworfen. Wendet man auf den vertragserfüllenden Verwaltungsakt sämtliche Vorschriften des Verwaltungsaktsrechts an, ohne die vertragliche Bindung zu berücksichtigen, so führt das möglicherweise zu Widersprüchen zum Vertragsrecht. Sollte sich herausstellen, daß diese nur schwer auflösbar sind oder daß der Vertrag so determinierend ist, daß für eine eigenständige Regelung durch Verwaltungsakt kein Raum bleibt, so kann dies auch Auswirkungen auf die Bestimmung der Rechtsnatur des vertraglichen Erfüllungsaktes haben.

Die grundsätzlich zu unterscheidenden Fragen nach der Rechtsform und nach der Zulässigkeit ihrer Verwendung lassen sich nicht voneinander trennen, wenn es sich wie hier um einseitige Akte handelt, deren Rechtsnatur durch Auslegung zu bestimmen ist. Soweit es möglich ist, wird man im Wege der Auslegung oder der Umdeutung zur zulässigen Form gelangen. Maßstab für die Zulässigkeit der Kombination von Verpflichtungsvertrag und Verwaltungsakt sind in erster Linie die unterschiedlichen Regelungen des Verwaltungsverfahrensgesetzes über Bestandskraft und Wirksamkeit dieser Akte.

1. Die Aufhebbarkeit und Anfechtbarkeit des vertragserfüllenden Verwaltungsaktes

Es entspricht einer verbreiteten Auffassung, daß auf den vertragserfüllenden Verwaltungsakt in gleichem Maße wie auf einen „normalen" Verwaltungsakt sämtliche verwaltungsaktsspezifischen Vorschriften Anwendung finden. So sollen Rücknahme (§ 48 VwVfG) und Widerruf (§ 49 VwVfG) ohne Einschränkung möglich sein, ebenso wie die Anfechtung des vertragserfüllenden Verwaltungsaktes. Der „Vorschaltung" des öffentlich-rechtlichen Verpflichtungsvertrages mißt man insofern keine eigenständige Bedeutung zu.[1] Dem ist sicherlich für den Fall zuzustimmen, daß der Verpflichtungsvertrag unwirksam ist oder keinerlei Erfüllungspflichten auslöst.[2] Er kann dann die Aufhebung und Anfechtung vertragserfüllender Verwaltungsakte nicht hindern.

a) Die Wirksamkeit und Erfüllbarkeit rechtswidriger öffentlich-rechtlicher Verpflichtungsverträge

aa) Zur Wirksamkeit des öffentlich-rechtlichen Vertrages

Nach der gesetzlichen Regelung ist der „bloß" rechtswidrige[3] öffentlich-rechtliche Vertrag wirksam. Dies folgt aus der abschließenden Aufzählung der Wirksamkeits- bzw. Nichtigkeitsgründe in den §§ 58, 59 VwVfG. Für den öffentlich-rechtlichen Verpflichtungsvertrag gelten insofern keine Besonderheiten. Es läßt sich die Parallele zur wirksamen rechtswidrigen Zusicherung als einseitigem Verpflichtungsakt ziehen.

---

[1] Vgl. z. B. *Redeker*, DÖV 1966, 543 ff., 545; *Bosse*, S. 77.

[2] Ob der vertragserfüllende Verwaltungsakt bei Nichtigkeit des Verpflichtungsvertrages wirksam und damit aufhebbar und anfechtbar bleibt, wird später untersucht; vgl. III 3.

[3] Ob ein gültiger Vertrag rechtswidrig sein kann, mag man bezweifeln. Das Vertragsrecht kennt nur wirksame und nichtige Verträge (vgl. §§ 58, 59 VwVfG). Es wird hier der allgemein üblichen Terminologie gefolgt (vgl. beispielsweise *Götz*, DÖV 1973, 298; *Schimpf; Bonk*, in: Stelkens / Bonk / Leonhardt, VwVfG, § 59, Rdnr. 7), die sich am Recht des Verwaltungsaktes orientiert.

1. Aufhebbarkeit und Anfechtbarkeit des vertragserfüllenden VAes

Teilweise wird angenommen, die gesetzliche Regelung sei verfassungswidrig und der „bloß" rechtswidrige Vertrag stets nichtig.[4]

Diese Ansicht wird zunächst auf einen vermeintlichen Verstoß gegen das Gesetzmäßigkeitsprinzip gestützt.[5] Ihr kann nicht beigepflichtet werden. Der Vorrang des Gesetzes wird durch die Wirksamkeit eines rechtswidrigen Vertrages schon deshalb nicht beeinträchtigt, weil das Gesetz selbst die normverdrängende Wirkung anordnet.[6] Auch ein Verstoß gegen das Prinzip des Gesetzesvorbehalts liegt nicht vor, weil das Verwaltungsverfahrensgesetz lediglich Fehlerfolgen rechtswidrigen Handelns festlegt, nicht aber eine Ermächtigung der Verwaltung beinhaltet, gesetzwidrige Verträge zu schließen.[7]

Im übrigen läßt sich ein allgemeiner Rechtssatz des Inhalts, Rechtswidrigkeit führe stets zur Nichtigkeit, nicht feststellen. Schon die Wirksamkeit und Bestandskraft rechtswidriger Verwaltungsakte sowie der Zusicherung zeigen, daß der Gesetzesverstoß eines Einzelaktes nicht zwingend dessen Nichtigkeit zur Folge haben muß. Die Verfassungswidrigkeit der §§ 38 Abs. 2, 43 VwVfG, 70 VwGO wird denn auch nirgends ernsthaft erwogen.[8]

Bedenken gegen die Wirksamkeit des rechtswidrigen Vertrages lassen sich demnach allenfalls aus der Rechtsschutzgarantie des Art. 19 Abs. 4 GG herleiten.

Nach überwiegender Auffassung in Literatur und Rechtsprechung steht dem Bürger keine Klagemöglichkeit gegen eine wirksam eingegangene vertragliche Belastung zu. Neben den Alternativen Nichtigkeit oder Wirksamkeit soll eine dritte Möglichkeit, nämlich die gerichtliche Aufhebung des Vertrages, nicht in Betracht kommen. Gestützt wird diese Ansicht vornehmlich auf die Überlegung, daß der Mitwirkung des Bürgers am Vertragsschluß nicht weniger Gewicht zukommen könne als einem Verzicht auf das Anfechtungsrecht oder dem Unterlassen einer fristgemäßen Anfechtung nach Erlaß eines Verwaltungsaktes.[9]

---

[4] Z. B. *Götz*, NJW 1976, 1429, 1430; *Bleckmann*, VerwArch 63 (1972), 404 f., 437; *Maurer*, JuS 1976, 485 f., 495; *Schenke*, JuS 1977, 281 ff., 285; *Büchner*, Die Bestandskraft verwaltungsrechtlicher Verträge, S. 36 ff., 55. *Scheuing*, VVDStRL 40, 153 f., 166 Fn. 47.

[5] Z. B. *Maurer*, Verwaltungsrecht, § 14, Rdnr. 47 ff. Vgl. auch die Rspr. des BVerwG vor Inkrafttreten des VwVfG, zuletzt BVerwGE 49, 359 m. w. N.

[6] *Meyer*, in: Meyer/Borgs, § 59, Rdnr. 5; *Schenke*, JuS 1977, 281 ff., 285; *Erichsen*, VerwArch 68 (1977), 65 ff., 69; *Menger*, VerwArch 69 (1978), 93 ff., 97. A. A. *Scheuing*, VVDStRL 40, 153 ff., 166 Fn. 47.

[7] *Meyer*, in: Meyer/Borgs, § 59, Rdnr. 5; das verkennt bspw. auch *Tschaschnig*, S. 35

[8] *Meyer*, in: Meyer/Borgs, § 59, Rdnr. 5; *Schimpf*, S. 259 f. m. w. Nachw.

[9] Vgl. *Stein*, AöR 86 (1961), 320 ff., 330 f.; *Frank*, DVBl 1977, 682 ff., 686;

Gegen diesen Ansatz wird angeführt, ein Verzicht auf das Grundrecht aus Art. 19 Abs. 4 GG sei unzulässig bzw. die vertragliche Willenserklärung des Bürgers erfülle in aller Regel nicht die Anforderungen, die an einen wirksamen Verzicht zu stellen seien. Insbesondere wisse der private Vertragspartner nicht, worauf er verzichte.[10]

Schenke und *Schimpf* wollen deshalb dem privaten Vertragspartner einen gerichtlich durchsetzbaren Anspruch auf die Aufhebung rechtswidriger belastender Verträge als Ausprägung eines allgemeinen Beseitigungsanspruchs zubilligen. Sie verweisen darauf, daß die Alternative Wirksamkeit oder Nichtigkeit vor Erlaß des Verwaltungsverfahrensgesetzes dem Gegensatzpaar Rechtmäßigkeit — Rechtswidrigkeit entsprach. Ein Bedürfnis gerichtlicher Aufhebung öffentlich-rechtlicher Verträge habe deshalb zu dieser Zeit nicht bestanden, während nunmehr mit der Anerkennung der Wirksamkeit rechtswidriger Verträge die Ausgangslage verändert sei.[11]

Die Diskussion um den vermeintlichen Verzicht des Bürgers auf Rechtsschutz durch Abschluß des Vertrages verdeckt das eigentliche Problem, nämlich die Frage, ob Art. 19 Abs. 4 GG überhaupt auf vertragliches Verwaltungshandeln Anwendung findet bzw. ob die §§ 54 ff. VwVfG eine wirksame Einschränkung der Rechtsschutzgarantie beinhalten.

So vertritt lediglich *Obermayer* ausdrücklich die Auffassung, es fehle bei vertraglichem Handeln an einem Hoheitsakt und damit an der entscheidenden tatbestandlichen Voraussetzung der verfassungsrechtlichen Rechtsschutzgarantie.[12] Für die Ansicht *Obermayer*'s spricht zumindest die historische Entwicklung. Der Verfassungsgesetzgeber ging, dem System *Otto Mayer*'s verhaftet, von bloßem einseitigem öffentlich-rechtlichem Verwaltungshandeln aus. Die Einräumung umfassenden Rechtsschutzes zielt primär darauf ab, dem Bürger eine Abwehrmöglichkeit gegen dieses einseitige Verwaltungshandeln zu geben. Die Rechtsschutzgarantie sollte insofern Ergänzung und Ausgleich einseitiger Regelungsbefugnis des Staates sein. Wo die Mitwirkung des Bürgers zur Herbei-

---

Bachof, in: Wolff / Bachof, § 44 II E; *Knack*, § 59, Rdnr. 1.1; *Bisek*, Der öffentlich-rechtliche Vertrag, S. 137 ff.; *Henke*, S. 298.

[10] *Bauer*, Gerichtsschutz als Verfassungsgarantie des Art. 19 Abs. 4 GG, S. 77; *Weiß*, Der öffentlich-rechtliche Vertrag, S. 72 Fn. 4; *Stahl*, Klagen aus öffentlich-rechtlichen Verträgen, S. 36; *Schimpf*, S. 386 ff., 373; *Tschaschnig*, S. 34 f.; *Erichsen / Martens*, § 47 IV.

[11] *Schenke*, JuS 1977, 281 ff., 284 f.; *Schimpf*, S. 332 ff. Jetzt aber wieder einschränkend *Schenke*, DVBl 1983, 320 ff., 324 Fn. 24, indem er zu den Ausführungen von *Schimpf* meint, „daß sich dem Beseitigungsanspruch mittels einer verfassungskonformen Interpretation des § 59 Abs. 1 VwVfG Rechnung tragen läßt".

[12] *Obermayer*, BayVGH-Festschrift, S. 280. Wohl auch *Schleicher*, DöV 1976, 550, 555. Vgl. weiter *Schimpf*, S. 349 und *Erichsen / Martens*, § 27 IV.

1. Aufhebbarkeit und Anfechtbarkeit des vertragserfüllenden VAes 49

führung einer Regelung vonnöten ist, bedarf es eines „nachträglichen" Rechtsschutzes nicht.

Schimpf hat dagegen eingewandt, der in Art. 19 Abs. 4 GG gewährte Rechtsschutz sei unabhängig von der gewählten Form behördlichen Handelns und auch von der Ausübung von „Gewalt". Ausreichend sei, daß die „öffentliche Gewalt", nämlich ein öffentlicher Rechtsträger, als solcher gehandelt habe. Art. 19 Abs. 4 GG gewähre lückenlosen Rechtsschutz; die gesetzliche Regelung des öffentlich-rechtlichen Vertrages sei ein unzulässiger Versuch, die Verwaltung der Rechtskontrolle zu entziehen.[13]

Folgt man dieser Ansicht, so bleibt jedoch die Frage zu beanworten, ob die §§ 58, 59 VwVfG nicht wenigstens eine wirksame gesetzliche Einschränkung des Art. 19 Abs. 4 GG enthalten. Nach der Konzeption des Gesetzgebers sollte die gerichtliche Angreifbarkeit rechtswidriger öffentlicher Verträge ausgeschlossen sein.[14]

Die gesetzliche Einschränkbarkeit des Art. 19 Abs. 4 GG läßt sich an den Vorschriften über die Bestandskraft von Verwaltungsakten belegen.[15] Mit Ablauf der Widerspruchs- oder Klagefrist gem. §§ 70, 74 VwGO kann eine Rechtsbeeinträchtigung nicht mehr geltend gemacht werden. Die darin liegende Beschränkung des Rechtsschutzes rechtfertigt sich nicht aus dem Gedanken eines Rechtsbehelfsverzichts, sondern beruht vielmehr auf dem Prinzip der Rechtssicherheit.[16, 17] Aus dieser verfassungsrechtlich unbedenklichen Einschränkung des Art. 19 Abs. 4 GG kann aber nun nicht geschlossen werden, daß zur wirksamen Beschränkung des Rechtsschutzgebotes die vom einfachen Gesetzgeber aufgestellten Voraussetzungen für den Eintritt der Bestandskraft des

---

[13] *Schimpf*, S. 352.
[14] BT-Drucks. 7/910, S. 81 zu § 55 EVwVfG.
[15] Das BVerfG (NJW 1982, 2425, 2426) spricht von einer weiten Gestaltungsfreiheit des Gesetzgebers zur normativen Ausgestaltung des Rechtsweges.
[16] BVerfG, ebenda; vgl. auch *Meyer*, NJW 1977, 1705 ff., 1707 Fn. 29; *Maurer*, Verwaltungsrecht, § 11, Rdnr. 2.
[17] Zu berücksichtigen ist weiterhin die Rechtsprechung des BVerwG und des BVerfG zur sogen. materiell-rechtlichen Präklusion im atomrechtlichen Genehmigungsverfahren gem. § 7 Abs. 1 Satz 2 AtVfV. Danach ist der vom geplanten Vorhaben Betroffene gehalten, innerhalb der zweimonatigen Auslegungsfrist der Planungsunterlagen (§ 6 Abs. 1 AtVfV) seine Einwendung vorzubringen. Anderenfalls verliert er die Befugnis, sein Recht klageweise geltend zu machen bzw. überhaupt seine Rechtsposition. Die Gerichte halten diese Vorschrift entgegen vielfacher Äußerung in der Literatur mit der Rechtsschutzgarantie des Art. 19 Abs. 4 GG für vereinbar und stützen ihre Ansicht u. a. auf das Prinzip der Rechtssicherheit. Vgl. BVerfG, NJW 1982, 2173 ff., 2175 ff.; BVerwGE 60, 297 ff., 305 ff., 310 f. Aus der Literatur: *Ule*, BB 1979, 1009 ff., 1012; *Wolfrum*, DÖV 1979, 499 f.; *Papier*, NJW 1980, 313 ff., 315; *Redeker*, NJW 1980, 1593 ff., 1597; *Schenke*, in: Bonner Kommentar, Rdnr. 434 zu Art. 19 Abs. 4 GG.

III. Probleme und Lösungen nach dem Verwaltungsverfahrensgesetz

Verwaltungsaktes auch in das Vertragsrecht zu übertragen seien. So ist *Schimpf* beispielsweise der Ansicht, der private Vertragspartner müsse über den Verlust seines Rechtsschutzes belehrt werden, ähnlich wie dies durch eine Rechtsbehelfsbelehrung beim Verwaltungsakt geschehe. Da eine solche Belehrung in aller Regel fehle, sei ein Ausschluß des Rechtsschutzes nicht gerechtfertigt.[18] Es ist schon kaum vorstellbar, daß der private Vertragspartner nur deshalb vom Vertrag Abstand nimmt, weil er erfährt, ihm stehe kein Rechtsschutz gegen den einmal abgeschlossenen Vertrag zu. Er wird sich stets an der Belastung seiner materiellen Rechte orientieren. Eine Rechtsbehelfsbelehrung dient im übrigen lediglich dazu, den Bürger darauf hinzuweisen, daß und wie er innerhalb einer bestimmten Frist zur Verteidigung seiner Rechte reagieren muß. Sowohl eine Befristung wie eine Rechtsbehelfsbelehrung sind aber völlig überflüssig, falls der private Vertragspartner bei und vor Vertragsschluß seine Interessen wahren kann. Er bedarf eines späteren Reaktionsrechtes dann lediglich in Fällen des Irrtums oder der Täuschung (§§ 62 Satz 2 VwVfG i. V. m. 119, 123 BGB).[19]

Gestattet der Grundsatz der Rechtssicherheit eine Einschränkung des Rechtsschutzes durch Fristsetzung unter der Bedingung, daß der Bürger die ausreichende Möglichkeit hatte, seine Rechte zu verteidigen, so erlaubt er auch einen völligen Ausschluß des Rechtsschutzes, wenn der Eintritt belastender Rechtsfolgen vom Willen des privaten Vertragspartners und des betroffenen Dritten abhängt.[20] Auf diese Grundsätze der Rechtssicherheit stützt sich die Gesetzesbegründung, die auf das „Wesen des Vertrages" und auf dessen besondere Eignung, „den Rechtsfrieden herzustellen und die Zahl der Rechtsmittel einzuschränken", verweist.[21] In den §§ 58, 59 VwVfG ist deshalb zumindest ein zulässiger Ausschluß eines allgemeinen Rechtsschutzes gegen rechtswidrige Verträge zu sehen.[22]

---

[18] *Schimpf*, S. 373; vgl. auch *Tschaschnig*, S. 35.

[19] In diese Richtung auch *Henke*, S. 294; *Frank*, DVBl 1977, 682 ff., 686. Vgl. auch *Bleckmann*, Allgemeine Grundrechtslehren, S. 284 ff.

[20] So wohl auch *J. Martens*, JuS 1978, 607 ff., 608 Fn. 7; *Frank*, DVBl 1977, 682 ff., 686. Vgl. dazu auch den Streit um die Zulässigkeit einer Kompensation des Rechtsschutzes durch erweiterte Verfahrensbeteiligung des Bürgers: *Schmitt Glaeser*, VVDStRL 31, 240 ff.; *J. Schwarze*, Der funktionale Zusammenhang von Verwaltungsverfahrensrecht und verwaltungsgerichtlichem Rechtsschutz; *E. Klein*, DVBl 1981, 661 ff., 663; *Schmidt-Aßmann* (Das allgemeine Verwaltungsrecht als Ordnungsidee und System, S. 47 ff.) spricht von „antizipiertem Rechtsschutz", *ders.*, NVwZ 1983, 1 ff.

[21] BT-Drucks. 7/910, S. 77 und 81 zu § 55 EVwVfG; vgl. auch *Henke*, S. 294 ff.; *Bonk*, in: Stelkens / Bonk / Leonhardt, § 59, Rdnr. 6; *Schleicher*, DöV 1976, 550, 554.

[22] Zu beachten bleibt, daß Rechtsschutz im Vertragsverhältnis nicht völlig ausgeschlossen ist. Die Wirksamkeit eines öffentlich-rechtlichen Vertrages läßt sich beispielsweise durch Feststellungsklage überprüfen (vgl. *Ober-*

Verfassungsrechtliche Einwände gegen die Wirksamkeit rechtswidriger öffentlich-rechtlicher Verträge überzeugen demnach nicht.

bb) Die Erfüllbarkeit rechtswidriger öffentlich-rechtlicher Verpflichtungsverträge

Das Bestehen einer Verpflichtung sagt aber noch nichts über deren Erfüllbarkeit aus. Es stellt sich die Frage, ob bei Rechtswidrigkeit eines öffentlich-rechtlichen Verpflichtungsvertrages nicht stets die Leistungspflicht nach den entsprechend anzuwendenden (§ 62 Satz 2 VwVfG) zivilrechtlichen Vorschriften über die Unmöglichkeit (§ 275 BGB) entfällt und die Vertragspartner auf sekundäre Schadensersatzhaftung zu verweisen sind (vgl. §§ 280, 325, 307 BGB).

Streitig ist vornehmlich die Behandlung des sogen. Verwaltungsaktsvertrages[23], der seine Rechtswidrigkeit von der Rechtswidrigkeit des zugesagten Verwaltungsaktes ableitet.

Bullinger vertritt hierzu die Auffassung, die Verwaltung könne den Erlaß eines vertraglich geschuldeten Verwaltungsakts verweigern und

---

mayer, BayVGH-Festschrift, S. 275 ff., 279 Fn. 15). Im Wege der gerichtlichen Geltendmachung von Schadensersatzansprüchen aus Amtshaftung (§§ 839 BGB i. V. m. Art. 34 GG) und aus der entsprechenden Anwendung (§ 62 Satz 2 VwVfG) der Grundsätze über die culpa in contrahendo dürfte des weiteren auch die Aufhebung des Vertrages in Betracht kommen (vgl. ausführlich Schimpf, S. 320 ff.). Zu den Amtspflichten der Behörde oder ihren vorvertraglichen Pflichten läßt sich auch die Pflicht zur Aufklärung des Bürgers über die Rechtswidrigkeit seiner vertraglichen Verpflichtung zählen. Schon bei fahrlässiger Unterlassung dieser Aufklärungspflicht können dann Ansprüche aus Amtshaftung oder c. i. c. entstehen. Der Amtshaftungsanspruch des Bürgers kann nach einer Entscheidung des BGH (NJW 1979, 642 f. und dazu Schimpf, S. 318 ff.) soweit gehen, daß die vom Bürger in Erfüllung des rechtswidrigen Vertrages erbrachte Leistung zurückverlangt werden kann, was fast einer im Rahmen der Amtshaftung unzulässigen Naturalrestitution gleichkommt. Auf Naturalrestitution ist jedenfalls der Anspruch aus Verschulden bei Vertragsschluß gerichtet (§§ 62 Satz 2 VwVfG i. V. m. 249 BGB). Die Naturalrestitution kann hier nur in der Aufhebung des Vertrages bestehen (vgl. aus der zivilrechtlichen Rechtsprechung: BGH, NJW 1962, 1196; NJW 1968, 986; NJW 1969, 1625; krit. dazu z. B. *Emmerich*, in: Münchener Kommentar vor § 275 BGB, Rdnr. 137 ff.), weshalb schon ohne Rückgriff auf den allgemeinen Beseitigungsanspruch die gerichtlich durchsetzbare Aufhebung rechtswidrig öffentlich-rechtlicher Verträge möglich erscheint. Schon *Bachof* (in: Wolff / Bachof, § 44 II e 3) meint zutreffend, daß die in § 126 Abs. 3 s.-h.LVwG vorgesehene Möglichkeit, binnen Monatsfrist die „Unwirksamkeit" des Vertrages geltend zu machen, entbehrlich sei, weil die Regeln des Privatrechts, wie z. B. die Vorschriften über die c. i. c. hier besser passen würden. Durch Berücksichtigung der genannten Ansprüche lassen sich die in der Literatur besonders von *Götz* (DÖV 1973, 298 ff., 302) und *Bullinger* (Gedächtnisschrift Hans Peters, S. 667 ff., 671) geäußerten Bedenken einer unzulässigen Beeinflussung und Belastung des Bürgers im Wege des Vertragshandelns entkräften.

[23] Zum Begriff vgl. *Meyer*, in: Meyer / Borgs, § 54, Rdnr. 53.

will die privatrechtlichen Grundsätze über die subjektiv anfängliche Unmöglichkeit entsprechend anwenden. Den öffentlich-rechtlichen Vertragspartner träfe eine Garantiehaftung, so daß dem Bürger gegebenenfalls ein Schadensersatzanspruch zustände. Die Annahme einer objektiv anfänglichen Unmöglichkeit und daraus folgender Nichtigkeit sämtlicher rechtswidriger Verwaltungsaktsverträge entsprechend § 306 BGB verbiete sich allerdings. Er stützt seine Ansicht vornehmlich auf einen Vergleich zur Zusicherung. Es sei systemwidrig, der rechtswidrigen Zusicherung Rechtswirksamkeit zuzusprechen, diese aber für den öffentlich-rechtlichen Verpflichtungsvertrag abzulehnen. Ebenso wie die Verwaltung durch Rücknahme einer Zusicherung ihre Leistungspflicht beseitigen könne, soll sie aber auch die Erfüllung einer rechtswidrigen vertraglichen Verpflichtung verweigern dürfen. Da sie bei Rücknahme der Zusicherung gem. §§ 38 Abs. 2, 48 Abs. 4 VwVfG zum Ersatz des Vertrauensschadens verpflichtet sei, müsse eine gleiche Schadensersatzpflicht aus der berechtigten Verweigerung der Vertragserfüllung erwachsen.[24]

Bullinger übersieht, daß die Erfüllung der zum Vergleich herangezogenen rechtswidrigen Zusicherung gerade nicht rechtlich unmöglich ist. Die Verwaltung kann lediglich die Zusicherung aufheben, nicht aber die Erfüllung verweigern. Zur Aufhebung des öffentlich-rechtlichen Vertrages stehen der Verwaltung nur Kündigung gem. § 60 VwVfG und Aufhebungsvertrag zur Verfügung. Auf der anderen Seite dient die Erweiterung der vertraglichen Nichtigkeitsgründe gegenüber dem Verwaltungsakt gerade dazu, die mangelnde Aufhebbarkeit öffentlich-rechtlicher Verträge seitens der Verwaltung auszugleichen.[25] Die Zubilligung eines Verweigerungsrechtes würde diese gesetzliche Abwägung zunichte machen.

Eine Rücknahme der Zusicherung wird zudem oft aufgrund schutzwürdigen Vertrauens des Begünstigten gem. § 48 Abs. 2 Satz 1 VwVfG ausgeschlossen sein, beispielsweise wenn ein begünstigender Leistungsbescheid zugesichert wurde. Die privatrechtlichen Grundsätze über subjektiv anfängliche Unmöglichkeit lassen jedoch keine Berücksichtigung des Vertrauensschutzes zu; der Eintritt der Unmöglichkeit ist unabhängig vom Vertrauen des Anspruchsinhabers.

Rechtsfolge des Unvermögens kann zudem nicht ein Wahlrecht zwischen Schadensersatz und Erfüllung sein, wie es *Bullinger* teilweise zur Berücksichtigung besonders schutzwürdigen Vertrauens zulassen will. Die subjektive Unmöglichkeit setzt gerade subjektive Unerfüll-

---
[24] *Bullinger*, DÖV 1977, 812 ff., 814 ff.; im Ergebnis zustimmend Maurer, JuS 1976, 485 ff., 495; *Wallerath*, § 8 III 5.
[25] Vgl. BT-Drucks. 7/910, S. 81 zu § 55 EVwVfG.

barkeit voraus. Wenn die Leistung in besonderen Fällen erbracht werden kann, bleibt für die Annahme der Unmöglichkeit kein Raum.

Rechtliche Unmöglichkeit liegt vielmehr nur dann vor, wenn die geschuldete Leistung von Rechts wegen nicht wirksam vorgenommen werden kann, nicht aber wenn sie lediglich nicht erbracht werden darf.[26] Die Erfüllung eines öffentlich-rechtlichen Verpflichtungsvertrages durch Erlaß eines Verwaltungsaktes ist der Behörde deshalb nur dann subjektiv unmöglich, wenn der geschuldete Verwaltungsakt gem. § 44 Abs. 1, Abs. 2 VwVfG nichtig wäre. Aus der Wirksamkeit des sogen. Verwaltungsaktsvertrages folgt demnach in aller Regel seine Erfüllbarkeit.

Der dargestellte Lösungsversuch *Bullinger's* hat in der Literatur zu Recht keinen Beifall gefunden. Es entspricht der allgemeinen Auffassung, daß aus der Wirksamkeit des rechtswidrigen Verpflichtungsvertrages die Pflicht des öffentlichen Vertragspartners folgt, den versprochenen Verwaltungsakt zu erlassen.[27]

b) Die Rechtsgrundwirkung öffentlich-rechtlicher Verpflichtungsverträge

Eine gewisse Zurückhaltung ist bei Beantwortung der weitergehenden Frage festzustellen, ob der in Vollzug eines rechtswidrigen, aber gültigen Vertrages ergehende Verwaltungsakt rechtswidrig sein kann.[28] Eine Lösung dieser Frage ist aus verschiedenen Gründen nötig. So ist die Rechtswidrigkeit des Verwaltungsaktes Voraussetzung für seine Rücknahme nach § 48 VwVfG und für den Erfolg von Widerspruch und Anfechtungsklage.

aa) Zur Rücknahme des vertragserfüllenden Verwaltungsaktes

Einer Rücknahme des vertragserfüllenden Verwaltungsaktes steht der öffentlich-rechtliche Verpflichtungsvertrag möglicherweise in seiner Eigenschaft als Rechtsgrund entgegen.

Im Privatrecht setzt die Rückabwicklung einer Vermögensverschiebung nach § 812 BGB das Fehlen eines wirksamen Verpflichtungsgeschäftes voraus. Ebenso hat der öffentlich-rechtliche Erstattungsan-

---

[26] *Laubinger*, in: Ule / Laubinger, § 70 II 6; *Henke*, S. 308; *Schimpf*, S. 292; *Löwisch*, in: Staudinger, BGB § 306, Rdnr. 16.
[27] *Meyer*, in: Meyer / Borgs, § 59, Rdnr. 28; *Bonk*, in: Stelkens / Bonk / Leonhardt, § 59, Rdnr. 6; *Knack*, § 54, Rdnr. 7.2.; *Pietzker*, NJW 1981, 2087 ff., 2097; *Tschaschnig*, S. 39.
[28] Dagegen wohl *Obermayer*, BayVGH-Festschrift, S. 275 ff., 278; *Bonk*, in: Stelkens / Bonk / Leonhardt, § 54, Rdnr. 74, § 59, Rdnr. 7; *Meyer*, in: Meyer / Borgs, § 54, Rdnr. 78.

spruch nur Erfolg bei mangelndem Rechtsgrund. Der Bürger kann seine zur Erfüllung einer vertraglichen Verpflichtung erbrachte Geldleistung nicht zurückverlangen, sofern der öffentlich-rechtliche Verpflichtungsvertrag wirksam ist.

Die Rücknahme eines vertragserfüllenden Verwaltungsaktes kann sich ebenso wie die Rücknahme eines „normalen" Verwaltungsaktes nur nach § 48 VwVfG richten. Ob diese Vorschrift die Berücksichtigung des Zusammenhangs von Verpflichtungs- und Erfüllungsakt zuläßt, ist zweifelhaft.

Voraussetzung für die Rücknahme eines Verwaltungsaktes nach § 48 VwVfG ist dessen Rechtswidrigkeit, nicht aber der Mangel im Rechtsgrund. Unter Rechtswidrigkeit i. S. v. § 48 VwVfG wird im Normalfall die fehlende Übereinstimmung mit dem Gesetz verstanden, während die Rechtsgrundlosigkeit das Fehlen einer Einzelverpflichtung bezeichnet. Dementsprechend ist die Ansicht naheliegend, § 48 VwVfG erlaube die Aufhebung des Verwaltungsaktes stets dann, wenn dieser gegen gesetzliche Vorschriften verstoße, wohingegen die Übereinstimmung mit einer wirksamen Einzelverpflichtung unbeachtlich sei.

Dies würde aber zu einem gewissen Widerspruch zu dem oben gefundenen Ergebnis führen, nachdem der öffentliche Vertragspartner auch den rechtswidrigen öffentlich-rechtlichen Verpflichtungsvertrag durch Erlaß eines Verwaltungsaktes erfüllen muß. Ein begünstigender retswidriger Verwaltungsakt, der keine Geld- oder Sachleistung gewährt oder nicht Voraussetzung hierfür ist, kann nämlich jederzeit nach § 48 Abs. 3 VwVfG zurückgenommen werden. Der Vertrauensschutz des Bürgers wird lediglich durch Ausgleich seines Vermögensnachteils berücksichtigt. Wendet man § 48 Abs. 3 VwVfG auch auf den vertragserfüllenden Verwaltungsakt an, so hat dies folgende Konsequenzen: Der rechtswidrige, aber wirksame öffentlich-rechtliche Vertrag muß erfüllt werden; die Verwaltung kann nach Erfüllung, durch die die vertragliche Verpflichtung erlischt (§§ 62 Satz 2 VwVfG i. V. m. 362 Abs. 1 BGB), den vertragserfüllenden Verwaltungsakt zurücknehmen. Sie setzt sich allenfalls der Pflicht zum Schadensersatz aus.[29]

Noch weitergehend müßte man der Behörde die Einrede gegenüber dem Bürger zugestehen, sie habe die vertragliche Verpflichtung nicht zu erfüllen, da sie den vertragserfüllenden Verwaltungsakt sofort nach Erfüllung zurücknehmen könne und wolle. Es liegt auf der Hand, daß damit die oben bejahte Bindungswirkung des rechtswidrigen öffentlich-rechtlichen Vertrages hinfällig würde.[30] Man käme zu einem dem

---

[29] So ausdrücklich *Tschaschnig*, S. 38 f.
[30] Das verkennt *Tschaschnig*, S. 38 ff.

1. Aufhebbarkeit und Anfechtbarkeit des vertragserfüllenden VAes

Lösungsvorschlag *Bullinger*'s vergleichbaren Ergebnis. Falls die Behörde als Vertragspartei die Erfüllung verweigern könnte, bliebe dem Bürger nur der verschuldensabhängige Anspruch auf Schadensersatz nach den Grundsätzen der positiven Vertragsverletzung i. V. m. § 62 Satz 2 VwVfG. Zieht man die Parallele zur Zusicherung, so stellt sich dort die Lage weniger problematisch dar. Auch wenn die Zusicherung ebenso wie der öffentlich-rechtliche Verpflichtungsvertrag Rechtsgrundwirkung entfaltet, bleibt zu berücksichtigen, daß sie als einseitiger Akt zunächst den gleichen Rücknahme- und Widerrufsvorschriften unterliegt wie der Erfüllungsakt. Man mag darüber streiten, ob in der bloßen Nichterfüllung einer Zusicherung eine konkludente Rücknahme oder ein konkludenter Widerruf liegen kann[31], in der Aufhebung des zusicherungserfüllenden Verwaltungsaktes wird man jedenfalls eine konkludente Aufhebung auch der Verpflichtung sehen dürfen.[32] Eine solche Annahme verbietet sich für den Bereich der Kombination von Verpflichtungsvertrag und vertragserfüllendem Verwaltungsakt nicht nur aufgrund der unterschiedlichen Aufhebungsvorschriften, sondern auch aufgrund der Unterschiede zwischen vertraglicher Willenserklärung und Verwaltungsakt.[33]

Bereits aufgrund dieser Überlegung begegnet die Rücknehmbarkeit des vertragserfüllenden Verwaltungsaktes Bedenken. Es spricht mehr für die Annahme, daß der Verpflichtungsvertrag als Rechtsgrund der Rücknahme entgegensteht.

bb) Zur Anfechtung des vertragserfüllenden Verwaltungsaktes durch den Dritten

Die prozessualen Möglichkeiten sind zwar lediglich Folge der materiellen Bewertung. Die im Verwaltungsprozeß auftretenden Probleme deuten aber auch häufig auf eine fehlerhafte Bewertung des materiellen Rechts hin.

So hat die Frage der Rechtswidrigkeit des vertragserfüllenden Verwaltungsaktes ebenfalls Bedeutung für den Erfolg eines Widerspruchs oder einer Anfechtungsklage des durch den vertragserfüllenden Verwaltungsakt belasteten Dritten. Seinem Widerspruch ist gem. § 68 VwGO bei Rechtswidrigkeit des Verwaltungsaktes stattzugeben. Ebenso hat eine Anfechtungsklage nur gegen einen rechtswidrigen Verwaltungsakt Erfolg (§ 113 Abs. 1 Satz 1 VwGO).

---

[31] So vor Inkrafttreten des VwVfG beispielsweise *Püttner*, JA 1975, 389 ff., 392.
[32] Ebenso *Achterberg*, Verwaltungsrecht, § 20, Rdnr. 124; ders., DÖV 1971, 397 ff., 406; *Zeidler*, 44. DJT, S. 51. A. A. *Maiwald*, BayVBl 1977, 449 ff., 451.
[33] Dazu noch ausführlicher unten III 2 d bb.

Die angesprochene Frage ist eindeutig zu beantworten, wenn der öffentlich-rechtliche Vertrag, der zum Erlaß eines drittbelastenden Verwaltungsaktes verpflichtet, nichtig ist. Die Nichtigkeit hat nämlich zur Folge, daß der vertragserfüllende Verwaltungsakt wie ein „normaler" Verwaltungsakt zu behandeln ist, falls man nicht sogar die Ansicht vertritt, er müsse genauso wie der Verpflichtungsvertrag nichtig sein. Letztgenannte Frage soll hier noch ausgeklammert bleiben.[34]

(1) Zur Anwendung des § 58 Abs. 1 VwVfG
auf den Verpflichtungsvertrag

Die Nichtigkeit eines öffentlich-rechtlichen Verpflichtungsvertrages angesprochenen Inhalts könnte sich aus § 58 Abs. 1 VwVfG ergeben. Danach benötigt ein öffentlich-rechtlicher Vertrag, „der in Rechte Dritter eingreift", zu seiner Wirksamkeit der schriftlichen Zustimmung des Dritten. Anderenfalls ist der Vertrag schwebend unwirksam und bei Verweigerung der Zustimmung endgültig nichtig. Sofern schon der öffentlich-rechtliche Verpflichtungsvertrag der Zustimmung des Dritten bedarf, kann er bei Verweigerung der Zustimmung die Anfechtung des vertragserfüllenden Verwaltungsaktes nicht hindern. Wenn man also § 58 Abs. 1 VwVfG auf den Verpflichtungsvertrag anwendet, stellt sich die hier angeschnittene Frage nur insoweit, als zu klären wäre, ob der Dritte mit Zustimmung zum Verpflichtungsvertrag das Recht der Anfechtung des vertragserfüllenden Verwaltungsaktes verliert. Man wird wohl annehmen müssen, daß eine Zustimmung zum Verpflichtungsvertrag ihn entsprechend bindet.[35]

Ein Teil der Literatur will § 58 Abs. 1 VwVfG nicht auf den Verpflichtungsvertrag anwenden.[36] In der Regel wird dabei die in der Begründung vorgefundene Ansicht übernommen, der Verpflichtungsvertrag verletze den Dritten „gewöhnlich" nicht in seinen Rechten, wenn er „erst durch Verwaltungsakt realisiert werden" müsse[37]. Es wird des weiteren auf den Wortlaut der Vorschrift verwiesen[38], obwohl daraus eine Differenzierung zwischen Verpflichtungsvertrag und sonstigen öffentlich-rechtlichen Verträgen nicht zu entnehmen ist. Allein aus der Formulierung „in Rechte Dritter eingreift" kann nicht geschlossen werden, daß nur die sogen. Verfügungsverträge erfaßt werden sollen.[39]

---

[34] Vgl. dazu noch nachfolgend unter III 3.

[35] Ebenso *Weiß*, S. 89.

[36] *Redeker*, DÖV 1966, 543 ff., 545; *Erichsen / Martens*, § 27 II; *Bullinger*, DÖV 1977, 812 ff., 816 Fn. 24; *Laubinger*, in: Ule / Laubinger, § 69 V; *Maurer*, Verwaltungsrecht, § 14, Rdnr. 30; *Bisek*, S. 116 f.; *Tschaschnig*, S. 35 f.

[37] So die Begründung zu § 50 EVwVfG, BT-Drucks. 7/910, S. 79. Dem folgt die Literatur in Fn. 35.

[38] *Laubinger*, in: Ule / Laubinger, § 69 V, Fn. 21.

1. Aufhebbarkeit und Anfechtbarkeit des vertragserfüllenden VAes 57

Auch ein Vergleich mit der Zusicherung kann diese Meinung nicht bestätigen, wie *Laubinger* meint.[40] Die Zusicherung kann, wie sich durch Umkehrschluß aus § 38 Abs. 2 und Abs. 3 VwVfG entnehmen läßt, trotz Rechtswidrigkeit Bindungswirkungen entfalten. Der durch den zusicherungserfüllenden Verwaltungsakt belastete Dritte kann, möglicherweise muß er dies sogar, mit Rechtsmitteln gegen die Zusicherung vorgehen. Sieht man in der Zusicherung mit der nunmehr wohl überwiegenden Ansicht einen Verwaltungsakt[41], so steht dem Dritten Widerspruch und Anfechtungsklage zu. Diese Möglichkeiten fehlen beim öffentlich-rechtlichen Verpflichtungsvertrag. Der Dritte, ebenso wie der private Vertragspartner, kann kein Rechtsmittel gegen die vertragliche Verpflichtung einlegen.

Gerade aufgrund des mangelnden Rechtsschutzes Dritter beim Verpflichtungsvertrag könnte die Anwendung des § 58 Abs. 1 VwVfG auch auf den Verpflichtungsvertrag nötig sein.

(2) Die gerichtliche Durchsetzung von Ansprüchen aus rechtswidrigen Einzelverpflichtungen

Die vorangegangene Überlegung wird jedoch dann hinfällig, wenn, wie dies größtenteils angenommen wird, dem Dritten gegenüber dem Erfüllungsakt die üblichen Rechtsmittel zustehen.

Um dies zu klären, sei zunächst auf die gerichtliche Durchsetzbarkeit vertraglicher Ansprüche, die auf Erlaß eines Verwaltungsaktes gerichtet sind, eingegangen.[42] Mit der Verpflichtungsklage läßt sich der Anspruch auf Erlaß eines *rechtswidrigen* Verwaltungsaktes nicht durchsetzen. Sie ist nur begründet, wenn die Ablehnung, den Verwaltungsakt zu erlassen, rechtswidrig und der Kläger dadurch in seinen Rechten verletzt ist (§ 113 Abs. 1 Satz 1 VwGO). Die Ablehnung, einen rechtswidrigen Verwaltungsakt zu erlassen, kann aber nicht rechtswidrig sein. Bleibt das vertraglich geschuldete Handeln trotz der bindenden Verpflichtung rechtswidrig, so ist die Ablehnung rechtmäßig.

Man gelangt zu keinem anderen Ergebnis, sofern man allein die Leistungsklage als richtige Klageart zur Durchsetzung auch des vertraglichen Anspruchs auf Erlaß eines Verwaltungsaktes ansieht. Die Verpflichtungsklage ist ein Unterfall der Leistungsklage. Der Unterschied der beiden Klagearten liegt vornehmlich im Gegenstand der Leistung.

---

[39] *Meyer*, in: Meyer / Borgs, § 58, Rdnr. 16.
[40] *Laubinger*, in: Ule / Laubinger, § 69 V, Fn. 21.
[41] *Bonk*, in: Stelkens / Bonk / Leonhardt, § 38, Rdnr. 3; *Meyer*, in: Meyer / Borgs, § 38, Rdnr. 9; *Schwarze*, in: Knack, § 38, Rdnr. 3.3. A. A. *Ule*, in: Ule / Laubinger, § 49 I; *Erichsen / Martens*, § 11 II 4.
[42] Zum Streit um die richtige Klageart vgl. noch nachfolgend unter III 2 b.

Allein der bestehende vertragliche Anspruch rechtfertigt nicht, der Leistungsklage stattzugeben. Das Verwaltungsgericht müßte anderenfalls die dem Vertrag entgegenstehende Gesetzeslage außer acht lassen und die Behörde bewußt zu „rechtswidrigem Handeln" verurteilen.

Die Zweifel über die Rechtswidrigkeit des vertragerfüllenden Verwaltungsaktes werden durch einen Vergleich mit der Situation bei der Zusicherung gestärkt. Soweit ersichtlich, wird dort allein die Verpflichtungsklage als richtige Klageart zur Durchsetzung der Zusicherung erachtet. Sollte der Verwaltungsakt, der in Erfüllung einer rechtswidrigen, aber wirksamen Zusicherung erlassen wird, rechtswidrig sein, könnte er mit einer Verpflichtungsklage nicht durchgesetzt werden. Soweit man hingegen der Ansicht ist, das Gericht dürfe die Rechtswidrigkeit des zusicherungserfüllenden Verwaltungsaktes nicht berücksichtigen, kann dies nur bedeuten, daß der zugesagte Verwaltungsakt rechtmäßig oder zumindest als rechtmäßig zu behandeln ist. Hat sich die Behörde durch Zusage zu rechtswidrigem realem Handeln verpflichtet, so streitet man lediglich darüber, ob die rechtswidrige Zusage wirksam ist, da sie Verwaltungsaktcharakter hat, oder ob sie unwirksam ist. Soweit ersterem gefolgt wird, verfällt man aber nicht mehr auf den Gedanken, das Erfüllungshandeln sei rechtswidrig und könne nicht erfolgreich gerichtlich durchgesetzt werden. Auch diese Aspekte sprechen dafür, den Verwaltungsakt, der in Erfüllung eines rechtswidrigen, aber wirksamen Verpflichtungsvertrages ergeht, als rechtmäßig anzusehen.

Ist man dieser Ansicht, so hat dies Konsequenzen: Bei wirksamem Vertrag ist eine Anfechtungsklage des Dritten mangels Rechtswidrigkeit des drittbelastenden vertragserfüllenden Verwaltungsaktes unbegründet. Das läßt sich nur dann mit Art. 19 Abs. 4 GG vereinbaren, wenn der Dritte am Vertragsschluß beteiligt wird.

(3) Relative Rechtswirkungen öffentlich-rechtlicher Verpflichtungsakte

Diese Schlußfolgerung ist aber dann nicht zwingend, wenn im öffentlich-rechtlichen Vertragsrecht die Urteile „Rechtswidrigkeit" oder „Rechtmäßigkeit" lediglich das Verhältnis der vertragsschließenden Parteien zueinander betrifft. Die Erfüllung des rechtswidrigen Verpflichtungsvertrages durch Erlaß eines drittbelastenden Verwaltungsaktes hätte dann insofern Doppelnatur, als sie rechtmäßig im Verhältnis zum privaten Vertragspartner und rechtswidrig im Verhältnis zum Dritten wäre. Es ist fraglich, ob das öffentliche Recht eine Art relative Rechtmäßigkeit kennt. Soweit die Anwendung des § 58 Abs. 1 VwVfG auf den Verpflichtungsvertrag abgelehnt wird, liegt dem offensichtlich diese Vorstellung zugrunde.[43]

1. Aufhebbarkeit und Anfechtbarkeit des vertragserfüllenden VAes

Die Vorstellung relativer Rechtswirkungen orientiert sich am zivilrechtlichen Vertragsrecht. Rechtsbeziehungen bestehen dort im Regelfall, von den Ausnahmefällen des Vertrages zugunsten Dritter (§ 328 BGB) u. ä. abgesehen, nur zwischen den Vertragsparteien. Ein Vertrag zu Lasten Dritter ist unzulässig, sieht man einmal vom gutgläubigen Erwerb als dingliche Verfügung zu Lasten Dritter ab. Das Bundesverwaltungsgericht leitete vor Erlaß des Verwaltungsverfahrensgesetzes aus diesem Gedanken die Nichtigkeit von öffentlich-rechtlichen Verträgen und Zusagen zu Lasten Dritter her.[44]

Wohl im Hinblick auf die Regelung im Verwaltungsverfahrensgesetz, die auch der Zusicherung zu Lasten Dritter Wirksamkeit zuspricht, hat das Gericht in einer Entscheidung aus dem Jahre 1975[45] versucht, die Wirkung der Zusage auf das Verhältnis Behörde — Zusicherungsempfänger zu beschränken.[46] Der Entscheidung lag der Fall zugrunde, daß die Baugenehmigungsbehörde einem Nachbarn die Zusage erteilt hatte, dem Bauwerber nur eine mit dem objektiven, nicht nachbarschützendem Baurecht übereinstimmende Baugenehmigung zu erteilen.[47] Das Gericht ließ eine Klage des Zusageempfängers, mit der dieser gegen die rechtswidrig erteilte Baugenehmigung vorgehen wollte, nur in Gestalt der Verpflichtungsklage, gerichtet auf Rücknahme der Baugenehmigung, zu. Eine Anfechtungsklage sei hingegen unzulässig. Die Zusage gewähre kein Abwehrrecht gegen die Baugenehmigung, sondern nur einen Anspruch gegen die Behörde auf Einhaltung der Zusage.[48]

Gegen diese Konstruktion hat *Hailbronner*[49] bereits zu Recht eingewandt, daß auch gesetzliche Abwehrrechte des Bürgers unmittelbar nur gegen den Staat gerichtet sind und nur mittelbar gegen Mitbürger.[50]

Beim Verwaltungsakt mit Doppelwirkung wird ebenfalls nicht von relativer Rechtmäßigkeit oder relativer Wirksamkeit gesprochen. Der drittbelastende Verwaltungsakt ist rechtswidrig auch dem Begünstigten und wirksam auch dem Belasteten gegenüber.[51]

---

[43] Vgl. beispielsweise *Bisek*, S. 110 f.
[44] Vgl. BVerwG, DVBl 1970, 60 ff.; BRS 22 (1969) Nr. 186. Das Schlagwort vom unzulässigen Vertrag zu Lasten Dritter findet sich auch heute noch in der Literatur zu § 58 VwVfG, vgl. *Erichsen / Martens*, § 27 II; *Bonk*, in: Stelkens / Bonk / Leonhardt, § 58, Rdnr. 8; *Kopp*, VwVfG, § 58, Rdnr. 1; und bereits *Salzwedel*, Die Grenzen der Zulässigkeit des öffentlichen Vertrages, S. 134 f.
[45] BVerwGE 49, 244 f.; dazu krit. *Schwabe*, DVBl 1976, 715 f. und ausführlich *Hailbronner*, DVBl 1979, 767 ff.
[46] BVerwGE 49, 253.
[47] BVerwGE 49, 245.
[48] BVerwGE 49, 251 f.
[49] DVBl 1979, 767 ff., 771
[50] Kritisch auch *Schimpf*, S. 262.

Eine Einschränkung bleibt hier allerdings zu machen. Die zuletzt genannten Überlegungen gelten nach der gesetzlichen Regelung nur für den Verwaltungsakt mit Doppelwirkung, der auch dem Belasteten, dem „Betroffenen" i. S. d. § 43 Abs. 1 VwVfG bekanntgemacht wurde. Die Doppelwirkung tritt erst zum Zeitpunkt der Bekanntmachung ein. Das kann zur Folge haben, daß die Verwaltung sich, indem sie beispielsweise die Ausnutzung der drittbelastenden Genehmigung zuläßt, rechtmäßig gegenüber dem Adressaten verhält — dieser nutzt lediglich einen wirksamen Verwaltungsakt aus —, daß sie sich aber gegenüber dem Dritten rechtswidrig verhält, da diesem gegenüber mangels Bekanntgabe der Verwaltungsakt nicht wirkt und ihm keine Duldungspflicht auferlegt. Unter diesen Aspekten wird das Problem allerdings bisher kaum betrachtet. Für die gesetzliche Lösung hat man eher Praktikabilitätsgesichtspunkte angeführt. Der Adressat soll vor Verunsicherung bewahrt werden. Das Interesse des Dritten bleibt durch seine Anfechtungsmöglichkeit ausreichend gewahrt.[52] Die angesprochene mögliche relative Rechtswirkung des Verwaltungsaktes läßt sich vermeiden, sofern man mit *Laubinger* den Verwaltungsakt mit Doppelwirkung erst mit Bekanntgabe an alle Beteiligten oder Betroffenen wirksam werden läßt[53].

Das Gesetz folgt für den drittbelastenden Vertrag der letztgenannten Lösung. Solange der Dritte noch nicht zugestimmt oder abgelehnt hat, ist der Vertrag schwebend unwirksam. Er bindet die Parteien für die Zeit des Schwebezustandes und hat deshalb insofern relative Rechtswirkung. Der Gesetzgeber hat zwar in anderem Zusammenhang gemeint, nicht der Verpflichtungsvertrag, sondern erst der Verwaltungsakt werde „gewöhnlich" in die Rechte Dritter eingreifen[54], zu § 58 VwVfG speziell führt er jedoch aus, daß er mit dieser Regelung dem „schwierigen Problem" relativer Unwirksamkeit entgehen wollte[55]. Daß dieses Problem aber nicht nur beim Verfügungsvertrag, sondern auch beim Verpflichtungsvertrag relevant wird, zeigt nicht nur die Frage der gerichtlichen Durchsetzbarkeit, sondern auch die folgenden Überlegungen: Es sei unterstellt, die Leistungsklage des privaten Vertragspart-

---

[51] Vgl. aber *J. Martens*, DVBl 1968, 322 ff., 327 ff., der jedoch das Widerspruchsrecht gegen Verwaltungsakte nicht als Reaktionsrecht sondern als Mitwirkungsrecht begreift und so den Verwaltungsakt auf eine „zweiseitige" Grundlage stellt.

[52] BVerwG, DVBl 1970, 62 ff., 64.

[53] Vgl. *Laubinger*, Der Verwaltungsakt mit Doppelwirkung, S. 98 ff., 101; *Ule*, in: Ule / Laubinger, § 56 II; a. A. BVerwG, DVBl 1970, 62 ff., 64; *Meyer*, in: Meyer / Borgs, § 43, Rdnr. 25.

[54] BT-Drucks. 7/910, S. 79 zu § 50 EVwVfG.

[55] BT-Drucks. 7/910, S. 81 zu § 54 EVwVfG; vgl. *Bonk*, in: Stelkens / Bonk / Leonhardt, § 58, Rdnr. 5; *Scheuing*, VVDStRL 40, 153 ff., 169; *Pietzker*, NJW 1981, 2087, 2093.

ners auf Erlaß eines drittbelastenden vertragserfüllenden Verwaltungsaktes hätte Erfolg. Die zuständige Behörde würde dann einerseits aufgrund der Gerichtsentscheidung zum Handeln verpflichtet, andererseits bliebe sie aber auch zum Unterlassen verpflichtet, da das entgegenstehende subjektiv-öffentliche Recht des Dritten Beachtung verlangt.[56] Dieser Widerspruch kann nicht einfach dadurch aufgelöst werden, daß der Verpflichtung aus dem Leistungsurteil deswegen Vorrang zugesprochen wird, weil der Dritte seine Rechte durch Widerspruch und Anfechtungsklage geltend machen kann.

Die Verwaltungsgerichte würden gegebenenfalls zweimal mit der gleichen Sache beschäftigt. Zunächst hätten sie über den Anspruch des privaten Vertragspartners oder auch des Zusicherungsempfängers auf Erlaß eines bestimmten Verwaltungsaktes zu entscheiden und anschließend gesondert über die Verletzung nachbarschützender Rechte.

Bei der Zusicherung lassen sich diese Probleme, die wohl auch das Bundesverwaltungsgericht in der erwähnten Entscheidung hatte, eher lösen. Erblickt man in der Zusicherung zutreffenderweise einen Verwaltungsakt, so dürfte es unter prozessualen Gesichtspunkten unschädlich sein, anzunehmen, daß diese dem Empfänger ein subjektiv-öffentliches Abwehrrecht einräumt, das ihn berechtigt, einen drittbegünstigenden Verwaltungsakt anzufechten. Der dadurch wiederum belastete Dritte muß und kann die Zusicherung seinerseits anfechten, will er dies vermeiden.[57] Diese Möglichkeit scheidet beim Vertrag aus.

Nach alledem erscheint es unter Berücksichtigung der Zielsetzung des Gesetzgebers richtig, § 58 VwVfG bereits auf den öffentlich-rechtlichen Verpflichtungsvertrag anzuwenden.[58]

cc) Die materiell-rechtliche Funktion des öffentlich-rechtlichen Vertrages

Bisher wurden vornehmlich die Widersprüche aufgezeigt, die sich ergeben, wenn man einerseits von der Rechtswirksamkeit rechtswidriger öffentlich-rechtlicher Einzelverpflichtungen ausgeht, aber diese andererseits bei Anwendung der verwaltungsaktsspezifischen Vorschriften auf den vertragserfüllenden Verwaltungsakt unberücksichtigt läßt. Die Literatur orientiert sich insofern noch zu sehr am alten Rechtszustand,

---

[56] Vgl. *Weiß*, S. 90; vgl. auch *Meyer*, in: Meyer / Borgs, § 58, Rdnr. 10.
[57] Vgl. *Meyer*, in: Meyer / Borgs, § 38, Rdnr. 35; *Schwarze*, in: Knack, § 38, Rdnr. 7.
[58] So ebenfalls beispielsweise *Kottke*, System des subordinationsrechtlichen Verwaltungsvertrages, S. 103; *Meyer*, in: Meyer / Borgs, § 58, Rdnr. 10; *Kopp*, VwVfG, § 58, Rdnr. 13; *Bonk*, in: Stelkens / Bonk / Leonhardt, § 58, Rdnr. 12; *Friehe*, DÖV 1980, 673 ff., 674; *Obermayer*, VwVfG, § 58, Rdnr. 5.

nach dem aus der Rechtswidrigkeit eines Vertrages auf dessen Nichtigkeit geschlossen wurde. Auch der dargestellte Lösungsversuch *Bullinger's*, den Konflikt zwischen Einzelfallregelung und Gesetz auf der Erfüllungsebene zu lösen, zieht nicht ausreichend die Konsequenz aus der einmal zugestandenen Wirksamkeit des rechswidrigen Verpflichtungsvertrages.

Die Frage, ob vertragliche Erfüllungsakte rechtswidrig sein können, sofern sie mit dem Verpflichtungsvertrag übereinstimmen, läßt sich nur unter Blick auf die materiell-rechtliche Funktion des öffentlich-rechtlichen Verpflichtungsvertrages beantworten.

(1) Rechtswidrige wirksame Akte im Verwaltungsrecht und die Rechtmäßigkeit darauf aufbauender Akte

Nicht nur Zusicherung und öffentlich-rechtlicher Verpflichtungsvertrag sind Akte, die trotz ihrer Rechtswidrigkeit Verpflichtungen begründen können. Ein rechtswidriger Leistungsbescheid, mit dem der Bürger beispielsweise zur Zahlung einer Abgabe herangezogen wird, begründet eine öffentlich-rechtliche Verpflichtung. Mit Bestandskraft wird dieser Verwaltungsakt in der Regel vollstreckbar. Es entspricht allgemeiner Überzeugung, daß weder die Erfüllung noch die Vollstreckung der Verpflichtung rechtswidrig sind, nur weil die Begründung der Pflicht rechtswidrig war. Aus dem Bestehen der Pflicht wird zu Recht gefolgert, daß die Verwirklichung nicht rechtswidrig sein kann. Das ergibt sich ohne weiteres, sofern man richtigerweise die Rechtswidrigkeit auch als Pflichtwidrigkeit versteht.[59]

Ein weiteres Beispiel läßt sich dem Bundesbaugesetz entnehmen. Nach den §§ 155 a, 155 b BBauG sind gewisse Mängel des Bebauungsplanes entweder innerhalb eines Jahres geltend zu machen (§ 155 a Abs. 1 BBauG) oder unter bestimmten Umständen unbeachtlich (§ 155 b BBauG). Zumindest § 155 a BBauG begründet demnach die Wirksamkeit einer rechtswidrigen Satzung. Falls man den Normcharakter des Bebauungsplanes nicht ablehnt, gibt es also gesetzwidrige gültige Normen. Baugenehmigungen, die auf einem „bestandskräftigen" Bebauungsplan beruhen, können nicht rechtswidrig sein.

Ebenso handelt der Inhaber einer drittbelastenden bestandskräftigen Baugenehmigung nicht rechtswidrig, wenn er von der Bauerlaubnis Gebrauch macht.

---

[59] Vgl. insbesondere *Rupp*, Grundfragen, S. 225 ff.; vgl. zum Begriff der Rechtswidrigkeit auch *Bierling*, Kritische Prinzipienlehre, 3. Band, S. 191; *Schimpf*, S. 124.

Aus dem Bestehen der Rechtsgrundlage wird die Rechtmäßigkeit der Verwirklichung abgeleitet. Gleiches muß gelten im öffentlich-rechtlichen Vertragsrecht.

(2) Vergleich der materiell-rechtlichen Funktion von öffentlich-rechtlichem Vertrag und Verwaltungsakt

Deutlicher wird dies, wenn man die Funktion von Verwaltungsakt und öffentlich-rechtlichem Vertrag vergleicht.

(a) Individualisierungs- und Klarstellungsfunktion

Dem Verwaltungsakt wird herkömmlicherweise Individualisierungs- und Klarstellungsfunktion zugewiesen.[60] Nach *Otto Mayer* ist der Verwaltungsakt „ein der Verwaltung zugehöriger obrigkeitlicher Ausspruch, der dem Unterthanen gegenüber im Einzelfall bestimmt, was für ihn Rechtens sein soll"[61]. Wie das Urteil, soll der Verwaltungsakt vor „Durchsetzung des Gesetzes mit der That" die Rechtslage im Einzelfall für Bürger und Verwaltung verbindlich klären und ebenso wie dieses an das Gesetz gebunden sein, aber selbst wiederum die „That" binden.[62] Diese Grundvorstellung hat sich bis heute gehalten.[63]

Als Hilfsmittel des Normenvollzugs wird der Verwaltungsakt in § 35 VwVfG entsprechend als „Regelung eines Einzelfalles" definiert. Gem. § 54 Satz 2 VwVfG kann die Behörde jedoch auch, statt einen Verwaltungsakt zu erlassen, einen öffentlich-rechtlichen Vertrag schließen. Diese Austauschbarkeit hat nur Sinn bei der gleichen Eignung des öffentlich-rechtlichen Vertrages zum Normenvollzug. Durch den öffentlich-rechtlichen Vertrag soll ein vertragliches Rechtsverhältnis gestaltet werden (§ 54 Satz 1 VwVfG). In gleichem Maße wie beim Verwaltungsakt werden die Rechtsfolgen für den Einzelfall festgelegt. Die Beteiligung des Bürgers an der Regelung des Einzelfalles stellt den ordnungsgemäßen Normvollzug nicht in Frage. Auch Verwaltungsakte können tatsächlich ausgehandelt werden, die Mitwirkung des Bürgers zum Erlaß des Verwaltungsaktes ist vielfältiger Art (Antrag, Anhörung, §§ 22, 28 VwVfG). Daß Verwaltungsakt und öffentlich-rechtlicher Vertrag alternative Handlungsmittel zum Normvollzug sind, bestätigt gerade § 54 Satz 2 VwVfG.[64]

---

[60] Der Begriff wurde wohl zuerst verwandt von *Vogel*, VVDStRL 28, 269; *Rüfner*, VVDStRL 28, 205.
[61] *Otto Mayer*, Deutsches Verwaltungsrecht, 1. Aufl., S. 95.
[62] Ebenda.
[63] Vgl. beispielsweise *J. Martens*, AöR 89 (1964), 429 ff., 434; *W. Löwer*, JuS 1980, 805 ff., 806.
[64] Kritisch *Rupp*, BVerwG-Festgabe, S. 539 ff., 548.

Es gilt weiterhin zu bedenken, daß auch beim typischen Fall des Gesetzesvollzugs die für den Einzelfall richtige Rechtsfolge nicht stets eindeutig ist.[65] So gibt es beim unbestimmten Rechtsbegriff mehrere Möglichkeiten der Auslegung.[66] Die Entscheidung, welche für den Bürger rechtens ist, kann ebenso durch Einigung mit dem Bürger wie durch Verwaltungsakt getroffen werden.[67]

Der teilweise noch vertretenen Beschränkung des öffentlich-rechtlichen Vertrages auf atypische Fälle im Bereich des Verwaltungsermessens liegt die überholte Vorstellung zugrunde, daß dort die Gesetzesbindung der Verwaltung geringer ist, die (Vertrags-)Freiheit aber um so größer.[68] Die Gesetzesbindung der Verwaltung ist aber nicht verschieden je nach der Handlungsform. Davon ist zu unterscheiden die Stärke der Selbstbindung an schon gesetzte rechtswidrige Akte. Theoretisch ist der öffentlich-rechtliche Vertrag in gleichem Maße wie der Verwaltungsakt als Instrument des Normvollzugs geeignet. Als solches wurde er auch vom Gesetzgeber konzipiert.

(b) Verwaltungsakt und öffentlich-rechtlicher Vertrag als Rechtsquelle

Die Funktionsbeschreibung von Verwaltungsakt und öffentlich-rechtlichem Vertrag als Mittel der Individualisierung und Konkretisierung abstrakt-genereller Normen ist unvollständig ohne Berücksichtigung von Bindungswirkung und Bestandskraft dieser Akte. Verwaltungsakt und öffentlich-rechtlicher Vertrag können trotz Rechtswidrigkeit rechtswirksam sein. Fraglich bleibt dabei nur, von welcher Art diese Rechtswirkungen sind.

Nach *Otto Mayer* bindet der Verwaltungsakt wie das Urteil das Verwaltungshandeln, „was dem Unterthanen rechtlich gebührt und von der Obrigkeit widerfahren soll, richtet sich fortan nicht mehr unmittelbar nach dem Gesetz, sondern nach dem Urteil"[69]. Die Wirksamkeit eines rechtswidrigen Aktes bedeutet dann, daß zur Bestimmung des Rechts nicht mehr auf das Gesetz zurückgegriffen werden darf. Der

---

[65] *Larenz*, Methodenlehre der Rechtswissenschaft, S. 181 f.; *Engisch*, Einführung in das juristische Denken, S. 106 f.; *Erichsen / Martens*, § 11 II 4.

[66] Vgl. *Rupp*, Grundfragen, S. 218, der zu Recht betont, daß es „fast keinen Begriff gibt, über dessen Auslegung man sich nicht ernsthaft streiten könnte". *J. Martens*, AöR 89 (1964), 429 f., 434; ders., JuS 1978, 607 ff., 608.

[67] *J. Martens*, AöR 89 (1964), 429 ff., 445; ders., JuS 1978, 607 f.; *Stein*, AöR 86 (1961), 320 ff., 326; *Menger*, VerwArch 52, (1961), 208; *Kottke*, S. 44; *Bisek*, S. 138.

[68] Der Bezug zur Vorstellung *Otto Mayer's* (Deutsches Verwaltungsrecht, 3. Aufl., 98 f.) vom freien Ermessen der Verwaltung im Gegensatz zum gebundenen der Rechtsprechung ist unverkennbar.

[69] Deutsches Verwaltungsrecht, 1. Aufl., S. 95.

1. Aufhebbarkeit und Anfechtbarkeit des vertragserfüllenden VAes

Verwaltungsakt „überlagert" demnach das Gesetz, soweit seine Regelung reicht, er ist Rechtsgrund.[70] Die Vollstreckung einer durch rechtswidrigen Verwaltungsakt begründeten Pflicht ist rechtmäßig, eben weil als Maßstab der Rechtmäßigkeit nur der wirksame Verwaltungsakt dient. Darüber hinaus begründet nicht nur der gesetzeswidrige Verwaltungsakt Rechtsfolgen, sondern auch der gesetzlose. Vergleicht man die Wirkung des Verwaltungsaktes mit der Grunddefinition für eine Rechtsquelle („Erkenntnisgrund für etwas als Recht")[71], so ist auch der Verwaltungsakt eine Rechtsquelle. Damit wird aber der Verwaltungsakt nicht zum Rechtssatz oder der Verwaltung originäre oder gesetzesunabhängige Rechtsmacht eingeräumt.[72]

Die Wirksamkeit des Verwaltungsaktes ist auch zu unterscheiden von der gesetzesderogierenden Wirkung. Derogierende Wirkung kann allenfalls dem Recht einer übergeordneten „Stufe" oder der gleichen „Stufe" (lex posterior derogat legi priori) zukommen. Ordnet man den Verwaltungsakt als unterste Stufe der „Rechtspyramide" ein, so wäre eine Rechtswirksamkeit trotz Verstoßes gegen höherrangiges Recht nicht möglich.[73] Zu beachten ist aber, daß zumindest seit Erlaß des Verwaltungsverfahrensgesetzes eine gesetzliche Festlegung der Rechtswirkung rechtswidriger Verwaltungsakte vorliegt. Der unbedingte Geltungsanspruch des Gesetzes wurde durch die gesetzliche „Kollisionsregelung" in den §§ 43, 44 VwVfG relativiert.[74] Der Widerspruch von Einzelfallregelung und Gesetz führt danach nur in bestimmten Fällen zur Nichtigkeit. Ansonsten muß die Rechtswidrigkeit durch Widerspruch und Anfechtungsklage geltend gemacht werden.

Für den öffentlich-rechtlichen Vertrag kann im Prinzip nichts anderes gelten, nur daß hier die beachtlichen Rechtsverstöße andere sind. Sonst wäre nicht verständlich, welchen Sinn es hätte, auch dem rechtswidrigen öffentlich-rechtlichen Vertrag Rechtswirkung beizulegen. Mit Wirksamkeit des öffentlich-rechtlichen Verpflichtungsvertrages kann zur Bestimmung der Rechtmäßigkeit des Erfüllungsaktes nicht mehr auf das Gesetz zurückgegriffen werden. Maßstab für die Rechtmäßig-

---

[70] Vgl. z. B. *Meyer*, in: Meyer / Borgs, § 35, Rdnr. 5 ff.; *J. Martens*, JuS 1975, 69 ff., 74; *W. Löwer*, JuS 1980, 805 ff., 806; *Neupert*, JuS 1978, 825 ff., 828 f.; *Menger*, VerwArch 52 (1961), 92 ff., 106 f.; *Hoffmann-Becking*, DÖV 1972, 196 ff., 199; OVG Münster, NJW 1976, 2036 ff., 2037. Vgl. aber auch *E. Weber*, Der Erstattungsanspruch, S. 27, 44 ff.; *Ossenbühl*, DÖV 1967, 246 ff., 248.
[71] *Ross*, Theorie der Rechtsquellen, S. 291, 332 f.
[72] *Meyer*, in: Meyer / Borgs, § 35, Rdnr. 5. Dagegen aber bezüglich des öffentlich-rechtlichen Vertrages *Bullinger*, DÖV 1977, 812 ff., 815. Vgl. auch *Rupp*, Grundfragen, S. 9 f., 193 ff.
[73] Vgl. dazu *Merkl*, Allgemeines Verwaltungsrecht, S. 211.
[74] Die bisher gewohnheitsrechtliche Geltung rechtswidriger, nicht evident fehlerhafter Verwaltungsakte wurde damit gesetzlich legitimiert. Vgl. auch *Rupp*, Grundfragen, S. 13; *J. Martens*, AöR 89 (1964), 429 ff., 436.

keit ist nicht mehr das Gesetz, sondern der öffentlich-rechtliche Vertrag. Auch der öffentlich-rechtliche Vertrag ist Rechtsquelle und „überlagert" das Gesetz, schirmt den Erfüllungsakt ab vor einem Rückgriff auf die Gesetzeslage.[75] Weder darf sich der öffentliche Vertragspartner auf das entgegenstehende Gesetz berufen, noch dürfen die Verwaltungsgerichte nach Maßgabe der Gesetzeslage entscheiden.

Wird der Verwaltungsakt als Erfüllungsakt eingesetzt und entspricht er der wirksamen vertraglichen Verpflichtung, so ist seine Rücknahme[76] ebenso wie eine gerichtliche Anfechtung mangels Rechtswidrigkeit nicht möglich. Da das Rechtswidrigkeitsurteil den Zeitpunkt betrifft, in dem der Verwaltungsakt erlassen wurde, wird der vertragserfüllende Verwaltungsakt auch nach einer evtl. Kündigung des Verpflichtungsvertrages nicht mehr rücknehmbar. Nur bei Abweichungen vom Verpflichtungsvertrag ist der vertragserfüllende Verwaltungsakt rechtswidrig. Er ist in diesen Fällen, weil er gegen die bindende vertragliche Regelung verstößt, möglicherweise rücknehmbar, falls man nicht schon seine Wirksamkeit in Frage stellt.[77]

c) Der Widerruf des vertragserfüllenden Verwaltungsaktes

Anders als die Rücknahme ist der Widerruf eines Verwaltungsaktes gem. § 49 VwVfG nicht von dessen Rechtswidrigkeit abhängig. Ein vertragserfüllender Verwaltungsakt müßte demnach widerrufbar sein, falls ein Widerrufsgrund vorliegt. Die Rechtsgrundwirkung des öffentlich-rechtlichen Verpflichtungsvertrages ist jedoch auch hier zu berücksichtigen.

aa) Die Rechtslage bei ausdrücklicher vertraglicher Regelung der Widerrufbarkeit

Die vertragsschließenden Parteien können im Vertrag *ausdrückliche* Bestimmungen über die Befugnis der Verwaltung treffen, die vertraglich geschuldete Leistung, insbesondere den Verwaltungsakt, unter bestimmten Umständen wieder rückgängig zu machen. Hierzu kann ein Verweis auf gesetzliche Aufhebungsvorschriften genügen.[78] Bei Vorlie-

---

[75] Ebenso *Meyer*, in: Meyer / Borgs, § 54, Rdnr. 4, 78; *Obermayer*, BayVBl 1977, 546 ff., 550; ders., BayVGH-Festschrift, S. 275 ff., 278; ders., Recht im Amt 1976, S. 101 f., 108, ders., VwVfG, § 54, Rdnr. 123, § 59 Rdnr. 25; *Scheuing*, VVDStRL 40, 153 ff., 184; *Bonk*, in: Stelkens / Bonk / Leonhardt, § 54, Rdnr. 9 a, 71, § 59, Rdnr. 7, § 62, Rdnr. 6; *J. Martens*, JuS 1978, 607 ff., 611.

[76] Ebenso *Obermayer* (s. Fn. 75); *Bonk* (s. Fn. 75); *Scheuing*, VVDStRL 40, 153 ff., 184. A. A. *Tschaschnig*, S. 38.

[77] Vgl. dazu unten III 2.

[78] Zur Einschränkung der Aufhebbarkeit infolge regelmäßig nicht erfüllter Tatbestandsvoraussetzungen vgl. unten bb (1).

1. Aufhebbarkeit und Anfechtbarkeit des vertragserfüllenden VAes

gen der gesetzlichen Tatbestandsvoraussetzungen wäre die Aufhebung der vertraglichen Leistung dann vertragsgemäß und damit zulässig. Eine solche Regelung mag sogar geboten sein, um die Wirksamkeit des Vertrages zu sichern. Ordnen gesetzliche Vorschriften unter gewissen Voraussetzungen *zwingend* die Aufhebung eines Verwaltungsaktes an, so ist daraus möglicherweise ein Vertragsinhaltsverbot abzuleiten, eine vertragliche Bindung zu begründen, die die Aufhebung eines Verwaltungsaktes ausschließt. Ein Verstoß gegen ein solches Inhaltsverbot führt gem. § 134 BGB i. V. m. § 59 Abs. 1 VwVfG zur Nichtigkeit.[79]

Darüber hinaus ist denkbar, daß der Vertrag nicht auf gesetzliche Aufhebungsgründe verweist, sondern selbst die Aufhebungsvoraussetzungen aufstellt. Eine danach erfolgende Aufhebung ist vertragsgemäß. Fraglich bleibt, ob sie auch rechtmäßig ist, wenn eine gesetzliche Grundlage fehlt bzw. die Voraussetzungen eines gesetzlichen Aufhebungsgrundes nicht gleichzeitig vorliegen. Man wird dies wohl bejahen müssen. Der Vertrag ist selbständige Rechtsgrundlage für den Erlaß des konkreten Verwaltungsaktes. Er kann deshalb auch alleiniger Rechtsgrund für seine Aufhebung sein. Es läßt sich insofern von einem Kehrseitenprinzip sprechen. Eines besonderen — in diesem Falle vertragsgemäßen[80] — Widerrufsvorbehalts im vertragserfüllenden Verwaltungsakt bedarf es nicht. Dem widerspricht nicht, daß die Durchsetzung einer vertraglichen Forderung mittels Verwaltungsakt u. a. wegen Fehlens einer gesetzlichen Grundlage als unzulässig abzulehnen ist.[81] Während dort der öffentliche Vertragspartner vertragswidrig handelt, verhält er sich hier vertragsgemäß.

Der Verpflichtungsvertrag kann des weiteren auch die Aufhebbarkeit des vertragserfüllenden Verwaltungsaktes ausdrücklich ausschließen.[82] Eine trotzdem erfolgende Aufhebung ist vertragswidrig und demnach infolge der Rechtsgrundwirkung des Vertrages rechtswidrig.[83]

Die Anwendbarkeit gesetzlicher Aufhebungsvorschriften setzt zum Teil ausdrückliche Bestimmungen im Vertrag voraus, wie sich an § 49 Abs. 1 Nr. 1 VwVfG zeigen läßt. Diese Vorschrift erlaubt den Widerruf, wenn er „durch Rechtsvorschrift zugelassen oder im Verwaltungsakt vorbehalten ist". Als Beispiel für die erste Alternative läßt sich die wasserrechtliche Erlaubnis i. S. v. § 7 Abs. 1 WHG nennen. Bezieht sich

---

[79] Diese Überlegung erübrigt sich allerdings, wenn der Vertrag auch ohne ausdrückliche Bestimmung die Anwendung gesetzlicher Aufhebungsgründe zuläßt. Dazu noch später unter bb (2).
[80] Dazu noch unten.
[81] Vgl. unten III 2 b.
[82] Auf daraus gegebenenfalls entstehende Wirksamkeitsbedenken infolge eines Vertragsinhaltsverbots soll hier nicht näher eingegangen werden.
[83] Ebenso *Meyer*, in: Meyer / Borgs, § 54, Rdnr. 78.

die vertragliche Verpflichtung der Behörde auf eine Erlaubnis in diesem Sinne, die eine „widerrufliche Befugnis" (§ 7 Abs. 1 WHG) beinhaltet, so steht der Verpflichtungsvertrag einem Widerruf nicht entgegen. Die Widerruflichkeit wurde durch diese — ausdrückliche — Bezugnahme Vertragsinhalt. Es fragt sich aber infolgedessen, ob die Voraussetzungen der Vorschrift noch vorliegen. Dem wirksamen Vertrag kommt Vorrang vor der gesetzlichen Regelung zu, so daß die Widerrufbarkeit — zumindest primär — aus dem Vertrag folgt. Läßt man den Vertrag als Rechtsgrundlage eines Widerrufs genügen, bedarf es eines Rückgriffs auf § 49 Abs. 2 Satz 1 Nr. 1 1. Alt. VwVfG nicht.

Gleiches gilt für den Widerrufsgrund des § 49 Abs. 2 Satz 1 Nr. 1 2. Alt. VwVfG. Nur soweit der Vertrag es ausdrücklich zuläßt, kann der vertragserfüllende Verwaltungsakt mit einem Widerrufsvorbehalt versehen werden. Auch in diesem Falle folgt das Widerrufsrecht primär aus dem Vertrag. Weicht der vertragserfüllende Verwaltungsakt insofern jedoch von der vertraglichen Verpflichtung ab, so entsteht das gesondert zu behandelnde Problem, ob der vertraglichen Regelung oder dem Verwaltungsakt Vorrang zukommt.[84]

Die Anwendbarkeit des § 49 Abs. 2 Satz 1 Nr. 1 VwVfG ist demnach abhängig von entsprechenden ausdrücklichen Bestimmungen im Verpflichtungsvertrag. Für spezialgesetzliche Aufhebungsgründe gleichen Inhalts gilt das nämliche.[85]

bb) Die Rechtslage bei Fehlen ausdrücklicher Bestimmungen über die Widerrufbarkeit

Fraglich bleibt, ob der Widerruf des vertragserfüllenden Verwaltungsaktes nach § 49 VwVfG ebenso wie seine Aufhebung nach spezialgesetzlichen Vorschriften zulässig ist, falls der Verpflichtungsvertrag keine ausdrücklichen Bestimmungen enthält.

Man wird auf den ersten Blick zu der Annahme neigen, daß der Verpflichtungsvertrag der Anwendung dieser Verwaltungsaktsregeln nicht entgegensteht. Die Verwaltung schuldet einen bestimmten Rechtsakt, der gewissen Regeln unterliegt, wozu beim Verwaltungsakt auch die Vorschriften über den Widerruf gehören. Gegen die Anwendung der gesetzlichen Widerrufsbestimmungen bestehen aber möglicherweise grundsätzliche Bedenken.

---

[84] Vgl. unten III 2.
[85] Vgl. beispielsweise § 21 Abs. 1 Nr. 3 und 4 BImSchG.

(1) Die Anwendung der Widerrufsgründe des § 49 Abs. 2 Satz 1 Nr. 2 - 4 VwVfG auf den vertragserfüllenden Verwaltungsakt

Anhand des § 49 Abs. 2 Satz 1 Nr. 2 - 4 VwVfG ist zunächst zu zeigen, daß ein Teil der Widerrufsgründe nicht auf die besondere Erscheinungsform des vertragserfüllenden Verwaltungsaktes zugeschnitten ist.

Ein Widerruf des vertragserfüllenden Verwaltungsaktes kommt gem. § 49 Abs. 1 Satz 1 Nr. 3 VwVfG bei nachträglicher Änderung der Sachlage, ein Widerruf gem. § 49 Abs. 2 Satz 1 Nr. 4 VwVfG bei Änderung der Rechtslage in Betracht. Beide Vorschriften stellen darauf ab, ob die zuständige Behörde im Zeitpunkt der eingetretenen Änderung berechtigt wäre, den betreffenden Verwaltungsakt nicht zu erlassen.

Dies bedeutet für den vertragserfüllenden Verwaltungsakt, daß er nur dann widerrufbar ist, wenn die Sach- oder Rechtsänderung die Unwirksamkeit des Verpflichtungsvertrages zur Folge hat — was bei gesetzlicher Aufhebung des Verpflichtungsvertrages denkbar ist — oder wenn der Verpflichtungsvertrag vorher oder zumindest gleichzeitig wegen der Änderung der Sach- und Rechtslage gem. § 60 VwVfG wirksam gekündigt wird. Anderenfalls müßte nämlich die Behörde aufgrund des wirksamen Vertrages trotz einer Änderung der Sach- und Rechtslage den Vertrag erfüllen und den Verwaltungsakt erlassen. Seine Rechtsgrundwirkung schließt deshalb auch ein Widerrufsrecht gem. § 49 Abs. 2 Satz 1 Nr. 3 und 4 VwVfG aus.

§ 49 Abs. 2 Satz 1 Nr. 2 VwVfG erlaubt den Widerruf eines begünstigenden Verwaltungsaktes, der mit einer Auflage verbunden ist, wenn der Begünstigte diese nicht oder nicht rechtzeitig erfüllt hat. Es sprechen mehrere Gründe dafür, daß diese Widerrufsvorschrift auf den vertragserfüllenden Verwaltungsakt kaum Anwendung finden wird. Zunächst stehen dem tatsächliche Gründe entgegen. Die Beifügung einer Auflage ist nur unter den Voraussetzungen des § 36 VwVfG rechtens. § 36 Abs. 1 VwVfG bestimmt die Zulässigkeitsvoraussetzungen einer Auflage, die mit einem Verwaltungsakt verbunden wird, auf den der Bürger einen Anspruch hat. Bei Wirksamkeit des Vertrages folgt der Anspruch aus dem Vertrag. Auf vertragserfüllende Verwaltungsakte findet deshalb allein § 36 Abs. 1 VwVfG Anwendung. Die Verbindung eines vertragserfüllenden Verwaltungsaktes mit einer Auflage wäre demnach zulässig, wenn sie durch Rechtsvorschrift zugelassen ist oder sichergestellt werden soll, daß die gesetzlichen Voraussetzungen des Verwaltungsaktes erfüllt werden. Die letztgenannte Alternative will es ermöglichen, daß durch Beifügung einer Auflage die bis dahin nicht erfüllten gesetzlichen Tatbestandsvoraussetzungen zum

Erlaß des betreffenden Verwaltungsaktes sichergestellt werden können. Der wirksame Vertrag begründet jedoch schon den Anspruch auf einen ganz bestimmten Verwaltungsakt. Für eine Verbindung des vertragserfüllenden Verwaltungsaktes mit einer Auflage gem. § 36 Abs. 1 2. Alt. VwVfG bleibt demnach wenig Raum. Für § 36 Abs. 1 1. Alt. VwVfG gilt letztlich nichts anderes. Auch wenn eine Rechtsvorschrift es erlaubt, einen Verwaltungsakt mit einer Auflage zu versehen, so bestimmt doch allein der Vertrag als das Gesetz überlagernde Rechtsquelle, ob eine Auflage zulässig ist.

Der mit einer Auflage versehene Verwaltungsakt begünstigt des weiteren den Bürger nicht nur, sondern belastet ihn auch, indem er eine Leistungspflicht begründet, mag deren Entstehen auch von der Ausnützung der Begünstigung abhängen. Zweck des öffentlich-rechtlichen Verpflichtungsvertrages ist es aber, vorab die möglichen gegenseitigen Leistungspflichten festzulegen. Diesem Zweck läuft es zuwider, daß der öffentliche Vertragspartner bei der Leistungserbringung einseitig neue (Gegen-)Leistungspflichten begründen können soll. Es ist zudem nicht nötig, den vertraglichen Anspruch nochmals im Erfüllungsakt festzusetzen, um die Durchsetzbarkeit des Anspruchs des öffentlichen Vertragspartners zu gewährleisten.[86] Die Durchsetzbarkeit kann durch Unterwerfung gem. § 61 VwVfG ausreichend gesichert werden. Raum für die Verbindung des vertragserfüllenden Verwaltungsakts mit einer Auflage bleibt danach vornehmlich in dem Bereich vertraglich zugelassener nachträglicher Auflagen z. B. i. S. v. § 5 GaststG oder für die Fälle, in denen der Behörde vertraglich ein weiter „Ermessensspielraum" eingeräumt wurde, den sie durch Erlaß von Auflagen ausschöpfen kann, um den gesetzlichen Anforderungen zu genügen.

Aus diesen Gründen wird ein Widerruf vertragserfüllender Verwaltungsakte gem. § 49 Abs. 2 Satz 1 Nr. 2 VwVfG nur selten in Betracht kommen.[87]

Gleiches gilt wiederum für spezialgesetzliche Aufhebungsgründe ähnlichen Inhalts, wie beispielsweise § 21 Abs. 1 Nr. 1 und 2 BImSchG; §§ 45 Abs. 3, 47 SGB-X; § 15 Abs. 2 GaststG.

(2) Die Anwendbarkeit sonstiger Aufhebungsgründe
auf den vertragserfüllenden Verwaltungsakt

Es bleibt die Frage, ob auch gegen die Anwendung sonstiger Aufhebungsvorschriften, die nicht schon aufgrund ihrer Tatbestandsvoraussetzungen ausscheiden, Einwände bestehen.

---

[86] Vgl. unten III 2 b.
[87] Vgl. dazu auch unten III 2 b.

(a) Folgerungen aus der Rechtsgrundwirkung des öffentlich-rechtlichen Verpflichtungsvertrages

Unter Anknüpfung an die vorausgegangenen Ausführungen könnte man die These aufstellen, daß die Aufhebungsvorschriften generell nicht auf die Fälle zugeschnitten sind, in denen Rechtsgrundlage des Verwaltungsaktes ein Einzelverpflichtungsakt ist. Dafür spricht, daß sie lediglich den „Normalfall" erfassen, in dem der Verwaltungsakt zum unmittelbaren Gesetzesvollzug ergeht. Der Gesetzgeber hat den aus der Kombination von Verpflichtungsvertrag und Verwaltungsakt folgenden Problemen keine Beachtung geschenkt, wie überhaupt das Vertragsrecht eher fragmentarischen Charakter hat.[88] Verwaltungsakt und Vertrag wurden als alternative Regelungsformen konzipiert. Ihr kumulativer Einsatz ist nicht berücksichtigt.

Der Tatsache des Vollzugs einer Einzelaktsverpflichtung durch weitere Einzelakte wird seit jeher nur bei der Vollstreckung des Verwaltungsaktes Beachtung geschenkt. Dort knüpfen die Vollstreckungsgesetze u. a. an die durch Verwaltungsakt bestimmte Rechtslage an. Die Aufhebungsvorschriften berücksichtigen die Existenz eines „vorgeschalteten Aktes" hingegen nicht. Handelt es sich bei dem „vorgeschalteten Akt" um eine Zusicherung gem. § 38 VwVfG, so tritt die Problematik nicht so offen zutage. Die Zusicherung unterliegt den gleichen Aufhebungsvorschriften wie der zusicherungserfüllende Verwaltungsakt. In der Aufhebung des letzteren wird man stets auch die Aufhebung des ersteren sehen können. Diese Möglichkeit scheidet bei der Kombination von Verpflichtungsvertrag und vertragserfüllendem Verwaltungsakt weitgehend aus. Die Kündigungsvoraussetzungen in § 60 VwVfG decken sich nur zu einem Teil mit den Aufhebungsgründen für Verwaltungsakte. Des weiteren unterscheiden sich auch die Vertragskündigung und die Aufhebung eines Verwaltungsaktes der Rechtsnatur nach.[89] Die Anwendbarkeit der gesetzlichen Aufhebungsvorschriften auf vertragserfüllende Verwaltungsakte ist demnach schon aus diesen Gründen zweifelhaft.

Der Aufhebung des vertragserfüllenden Verwaltungsaktes könnte zudem *grundsätzlich* — das Fehlen spezieller vertraglicher Vorschriften vorausgesetzt — der Bestand des Vertrages entgegenstehen. Dafür sprechen die Rechtsfolgen der Vertragserfüllung bzw. die Rechtswirkungen des erfüllten Vertrages. Sie lassen sich zunächst am Beispiel des Zivilrechts zeigen. Nach zivilrechtlichen Grundsätzen erlischt zwar eine vertragliche Verpflichtung mit der Erfüllung, nicht aber das

---
[88] Vgl. dazu oben I 2 b.
[89] Vgl. dazu ausführlich unter III 2.

Schuldverhältnis als solches. Es steht der Rückgängigmachung der Leistung als Rechtsgrund entgegen. Diese Grundsätze gelten über § 62 Satz 2 VwVfG auch im öffentlichen Recht, zumindest soweit die geschuldete Leistung nicht in einem Verwaltungsakt besteht.[90] Sie liegen dem öffentlich-rechtlichen Erstattungsanspruch zugrunde. Bei diesem besteht allerdings Streit darüber, ob er über eine Analogie zu den §§ 812 ff. BGB zu gewinnen ist oder ob er sich aus einem allgemeinen Grundsatz ergibt, der auch den Vorschriften des BGB zugrunde liegt. Gibt es einen solchen allgemeinen Grundsatz, so muß er auch das Verhältnis zwischen Verpflichtungsvertrag und vertragserfüllendem Verwaltungsakt bestimmen. Das bedeutet, daß die Aufhebung des Erfüllungsgeschäftes nur bei Rechtsgrundlosigkeit zulässig ist oder sofern der Verpflichtungsvertrag die Rückabwicklung unter bestimmten Umständen zuläßt.

Sieht man in der gegenseitigen Abhängigkeit von Verpflichtungs- und Erfüllungsakt nur ein spezifisches Prinzip des Zivilrechts, so könnte man gegen eine Übertragung in das öffentliche Vertragsrecht einwenden, daß es sich hierbei lediglich um eine notwendige Ergänzung des privatrechtlichen Trennungs- und Abstraktionsprinzips handele, aber nicht auf die spezifisch öffentlich-rechtliche Kombination von Verpflichtungsakt und regelndem Erfüllungsakt übertragen werden könne. Der Widerruf des Verwaltungsaktes sei gesetzlich zugelassen, eine Abhängigkeit von irgendwelchen Verpflichtungsakten bestehe nicht.

Dagegen ist anzuführen, daß ein Einheitsprinzip, wie es sich beispielsweise im französischen Zivilrecht findet, weder einer Regelung der Erfüllungs- noch einer Regelung der Rechtsgrundwirkung bedarf, weil dort das wirtschaftlich einheitliche Geschäft nicht in zwei Rechtsakte zerlegt wird. Nimmt man aber eine solche Zerlegung vor oder akzeptiert man eine solche Trennung, ohne daß dies gesetzlich vorgeschrieben ist, so bedarf es Rechtsregeln, die den tatsächlichen Zusammenhang, die gegenseitige Abhängigkeit von Verpflichtung und Erfüllung festlegen. Im BGB ist sowohl die Erfüllungswirkung (§§ 362 ff. BGB) wie die Rechtsgrundwirkung (§§ 812 ff. BGB) geregelt. Die Wirkung der Vertragserfüllung durch Erlaß des vertragserfüllenden Verwaltungsaktes wird im öffentlich-rechtlichen Vertragsrecht durch entsprechende Anwendung der §§ 362 ff. BGB berücksichtigt (§ 62 Satz 2 VwVfG). Das heißt, die vertragliche Leistungspflicht erlischt und lebt anders als die gesetzliche Verpflichtung nicht wieder auf, falls die Leistung zurückgenommen wird. Bejaht man die Erfüllungswirkung, so hat man aber ebenso die Rechtsgrundwirkung als Ergänzung einer

---

[90] Zur Rechtsgrundwirkung des Verwaltungsaktes vgl. *Bachof*, in: Wolff / Bachof, § 54 I a.

1. Aufhebbarkeit und Anfechtbarkeit des vertragserfüllenden VAes 73

Trennung in Verpflichtung und Erfüllung zu beachten.[91] Über die Geltung eines Abstraktionsprinzips ist damit nichts gesagt.

Bei Anwendung der Widerrufsgründe des § 49 VwVfG kann dies folgendermaßen berücksichtigt werden. § 49 Abs. 1 letzter Hs. VwVfG schließt den Widerruf des belastenden Verwaltungsakts aus, falls „ein Verwaltungsakt gleichen Inhalts erneut erlassen werden müßte oder aus anderen Gründen unzulässig ist". Die erste Alternative stellt klar, daß auch hier das Verbot widersprüchlichen Verhaltens gilt, während die zweite Alternative Fälle erfassen soll, in denen sich die Unzulässigkeit des Widerrufs „aus ausdrücklichen gesetzlichen Bestimmungen, aus dem Sinn und Zweck gesetzlicher Regelungen oder aus allgemeinen Rechtsgrundsätzen ergibt"[92]. Die Beschränkungen stellen Mindesterfordernisse dar, die nicht nur für den Widerruf belastender Verwaltungsakte gelten, sondern erst recht für den Widerruf begünstigender Verwaltungsakte.[93] Sie müssen ebenso bei der Anwendung spezialgesetzlicher Aufhebungsvorschriften gelten.

Zu den allgemeinen Rechtsgrundsätzen i. S. d. zweiten Alternative gehört auch die Rechtsgrundwirkung öffentlich-rechtlicher Verpflichtungsverträge. Die Rechtsgrundwirkung hat demnach grundsätzlich die Unzulässigkeit des Widerrufs eines vertragerfüllenden Verwaltungsaktes gem. § 49 Abs. 1 letzter Hs. 2. Alt. VwVfG zur Folge.

(b) Konkludente Einbeziehung der Aufhebungsgründe in den Verpflichtungsvertrag

Die Rechtsgrundwirkung öffentlich-rechtlicher Verpflichtungsverträge bleibt allerdings gewahrt, falls sich die Anwendbarkeit gesetzlicher Aufhebungsvorschriften auf vertragserfüllende Verwaltungsakte durch konkludente vertragliche Verweisung ergibt. Bei Fehlen ausdrücklicher Bestimmungen könnte man den Verpflichtungsvertrag stets unter Berücksichtigung der gesetzlichen Vorschriften auslegen.

---

[91] So wohl auch *Meyer*, in: Meyer / Borgs, § 49, Rdnr. 15. Für die Zusicherung meint zutreffend *Scheuing* (VVDStRL 40, 143 ff., 168), daß diese sich nicht durch Erfüllung erledigt, sondern als Causa bestehen bleibt, die gegebenenfalls durch Anfechtung von Dritten anzugreifen ist. Dagegen ist *Achterberg* (Verwaltungsrecht, § 20, Rdnr. 124) der Ansicht, durch Erfüllung sei „der Zweck des Verwaltungsvoraktes erreicht und dieser habe dadurch seine Bestandskraft verloren", und *Bullinger* (DÖV 1977, 812 ff., 819), ein „normaler schuldrechtlicher Vertrag" falle mit Erfüllung als erledigt weg.
[92] BT-Drucks. 7/910, S. 72 zu § 45 EVwVfG; vgl. auch *Bonk*, in: Stelkens / Bonk / Leonhardt, § 49, Rdnr. 9; *Klappstein*, in: Knack, § 49, Rdnr. 5.1.2; *Kopp* VwVfG, § 49, Rdnr. 16 - 18.
[93] Es braucht deshalb nicht näher geklärt zu werden, ob die vertragserfüllenden Verwaltungsakte überhaupt von belastender Natur sein können. Vgl. unter III 4.

III. Probleme und Lösungen nach dem Verwaltungsverfahrensgesetz

Soweit die Tatbestandsvoraussetzungen der Aufhebungsvorschriften auf den vertragserfüllenden Verwaltungsakt nicht passen, führt diese Auslegung jedoch nicht weiter. Wollte man annehmen, in diesen Fällen sei beispielsweise bei Anwendung des § 49 Abs. 2 Satz 1 Nr. 3 und 4 VwVfG die Existenz des Verpflichtungsvertrages unberücksichtigt zu lassen, so würde man auf diese Weise die Rechtsgrundwirkung des Vertrages verneinen. Ebensowenig kann die Bezugnahme auf die Rücknahmevorschriften, die Rechtsfolge wirksamer vertraglicher Verpflichtungen, nämlich die Rechtmäßigkeit des vertragserfüllenden Verwaltungsaktes, beseitigen. Bei ausdrücklicher vertraglicher Bezugnahme ließe sich an eine entsprechende Anwendung der betreffenden Vorschriften denken, nicht aber wenn ausdrückliche Hinweise fehlen.

Zu klären bleibt, welche Bedenken gegen eine konkludente Einbeziehung solcher Aufhebungsgründe sprechen, deren Anwendung auf vertragserfüllende Verwaltungsakte nicht schon aufgrund ihrer Tatbestandsvoraussetzungen ausscheiden. Beispielhaft sei § 15 Abs. 3 Nr. 1 1. Alt. GaststG genannt, wonach eine Erlaubnis zum Betrieb eines Gaststättengewerbes widerrufen werden kann, wenn der Gewerbetreibende die erlaubte Betriebsart ändert. Die Anwendung der Vorschrift auf die vertragserfüllende Erlaubnis ist nicht schon aufgrund mangelnder Tatbestandserfüllung ausgeschlossen. Es stehen ihr jedoch neben den bereits geäußerten Bedenken weitere Gründe entgegen.

Die Aufhebung vertragserfüllender Verwaltungsakte ist ohne vertragliche Zulassung mit der Rechtsgrundwirkung öffentlich-rechtlicher Verpflichtungsverträge unvereinbar. Der vertraglichen Bindung kommt demnach im Verhältnis Verpflichtungsvertrag — vertragserfüllender Verwaltungsakt grundsätzlich Vorrang zu. Die Zulässigkeit einer Rückabwicklung vertraglicher Leistung bestimmt sich deshalb vorrangig nach § 60 VwVfG. Ist eine Kündigung des Verpflichtungsvertrages gem. dieser Vorschrift erfolgt, so steht einer Anwendung der Aufhebungsvorschriften auf den Verwaltungsakt nichts mehr im Wege. Erklärt man die Anwendbarkeit der Aufhebungsgründe jedoch *stets* ohne ausdrückliche vertragliche Einbeziehung zum Vertragsinhalt — und darauf läuft eine konkludente Einbeziehung hinaus —, so wird damit das grundsätzliche Verhältnis zwischen Vertrag und Verwaltungsakt umgekehrt. Der Vertrag wird indirekt den Bindungen des Verwaltungsaktsrechts unterstellt. Die Bestimmungen über die Beendigung eines Vertragsverhältnisses, insbesondere § 60 VwVfG, werden entwertet. Während § 60 VwVfG, ebenso wie z. B. die über § 62 Satz 2 VwVfG einzubeziehenden Gestaltungsrechte des BGB, den Vertragsparteien gleiche Befugnisse einräumen, stört die konkludente Einbeziehung der Aufhebungsgründe die Parität der Vertragsparteien. Der private Vertragspartner kann seine Leistung nur über § 60 bzw. § 62 Satz 2 VwVfG i. V. m. dem BGB rückgängig machen und verliert aufgrund der vertraglichen Bindung sein verwaltungsaktsbezogenes Anfechtungsrecht[94], die Behörde soll ihre verwaltungsaktsbezogenen Rechte hingegen behalten.

Da diese Bevorzugung des öffentlichen Vertragspartners der grundsätzlichen Gleichberechtigung der Vertragsparteien zuwiderläuft, ist eine Erhaltung der verwaltungsaktsbezogenen Befugnisse der Behörde nicht selbstverständlich und eine ausdrückliche vertragliche Einbeziehung zu verlangen.[95] Anderenfalls ist die Anwendung gesetzlicher Aufhebungsgründe auf den vertragserfüllenden Verwaltungsakt aufgrund der Rechtsgrundwirkung des öffentlich-rechtlichen Verpflichtungsvertrages ausgeschlossen.

d) Zwischenergebnis

Aus der festgestellten Rechtsgrundabhängigkeit vertragserfüllender Verwaltungsakte folgt für die Kombination von Verpflichtungsvertrag und vertragserfüllendem Verwaltungsakt: Die Rechtsgrundabhängigkeit steht der Annahme entgegen, durch die Kombination von öffentlich-rechtlichem Verpflichtungsvertrag und vertragserfüllendem Verwaltungsakt erhalte oder erweitere die Verwaltung den vom „einfachen" Verwaltungsakt gewöhnten Handlungsumfang. Die Vorschaltung eines Verpflichtungsvertrages schränkt vielmehr die Aufhebbarkeit vertragserfüllender Verwaltungsakte ein. Will der öffentliche Vertragspartner seine für den Verwaltungsakt gesetzlich eingeräumte Aufhebungsbefugnis erhalten, so bedarf es der entsprechenden Gestaltung des Verpflichtungsvertrages.

e) Folgerungen für die Verwendung der Kombination bei Vertragsformverboten

Die dargestellte Bindungswirkung öffentlich-rechtlicher Verpflichtungsverträge hat auch Auswirkungen auf die Verwendung der Kombination von Verpflichtungsvertrag und vertragserfüllendem Verwaltungsakt, sofern ein gesetzliches Formverbot die Regelung allein durch Vertrag ausschließt.[96] Ausdrückliche gesetzliche Vertragsformverbote finden sich nicht. Sie sind aus Sinn, Zweck und Systematik eines Gesetzes abzuleiten.[97] Wesentlich für die Annahme eines Vertragsformver-

---

[94] Vgl. oben b bb (1).
[95] Vgl. für den sogen. Verfügungsvertrag *Maurer*, Verwaltungsrecht, § 14, Rdnr. 27.
[96] Vgl. oben II 2 b bb (2) (c) (bb).
[97] Vgl. z. B. *Laubinger*, in: Ule / Laubinger, § 67 III; *Bonk*, in: Stelkens /

botes dürfte auch sein, daß das Gesetz spezielle Aufhebungsvorschriften wie beispielsweise im Beamtenrecht die §§ 12, 28 ff. BBG, 9, 22 ff. BRRG enthält, die bei alleiniger vertraglicher Regelung nicht ohne weiteres zur Anwendung kommen könnten. Um diesen Problemen zu entgehen, genügt die bloße „Vorschaltung" des Verpflichtungsvertrages nicht. Vielmehr sind entsprechende Bestimmungen in den Verpflichtungsvertrag aufzunehmen, die die Anwendbarkeit der Vorschriften auf den vertragserfüllenden Verwaltungsakt sichern. Die speziellen gesetzlichen Vorschriften können deshalb als Vertragsinhaltsge- oder -verbote (gem. § 59 Abs. 1 VwVfG i. V. m. § 134 BGB) wirken. Die enge Verwandtschaft von Vertragsform- und Inhaltsverboten wird damit deutlich.[98]

2. Die Vereinbarkeit der vertraglichen Bindung mit der Bestandskraft des Verwaltungsaktes

Vertragserfüllende Verwaltungsakte sind rechtmäßig, sofern und soweit sie mit dem Inhalt eines wirksamen Verpflichtungsvertrages übereinstimmen. Die Kollision zwischen abstrakt-genereller Entscheidung und Einzelfallentscheidung wird insofern schon auf der Ebene des Verpflichtungsaktes gelöst. Einer erneuten Konfliktlösung auf der Erfüllungsebene bedarf es dann nicht mehr. Man könnte deshalb annehmen, daß zumindest in Fällen der Wirksamkeit des Verpflichtungsvertrages der Bestandskraft des vertragserfüllenden Verwaltungsaktes kaum selbständige Bedeutung zukommt.

Erhebliche Probleme entstehen jedoch, wenn der „vertragserfüllende" Verwaltungsakt von der vertraglichen Verpflichtung abweicht bzw. überhaupt ein Verwaltungsakt in Widerspruch zu einer vertraglichen Regelung gelangt.

a) Kollisionen zwischen öffentlich-rechtlichem Vertrag und Verwaltungsakt

Welche Rechtsfolgen die Abweichung eines später erlassenen Verwaltungsaktes von einer vertraglich getroffenen Regelung hat, wurde in

---

Bonk / Leonhardt, § 54, Rdnr. 54. Abweichend *Obermayer*, VwVfG, § 54, Rdnr. 19, der den öffentlich-rechtlichen Vertrag nur in Form des Verpflichtungsvertrages akzeptiert. Er verlangt eine ausdrückliche Zulassung des sogen. Verfügungsvertrages und stützt sich dazu auf den Grundsatz der Gesetzmäßigkeit der Verwaltung und das Wesen des Vertrages (!).
[98] Vgl. *Obermayer*, Grundzüge des Verwaltungsrechts und des Verwaltungsprozeßrechts, S. 139, Anm. 11: „Die Frage, ob im konkreten Fall ein verwaltungsrechtlicher Vertrag geschlossen werden kann, hat stets auch den möglichen Inhalt des Vertrages zum Gegenstand." Vgl. den anderen Ansatz bei *Tschaschnig*, S. 36.

2. Vertragliche Bindung und Bestandskraft des VAes 77

Rechtsprechung und Literatur bisher nur unter dem Stichwort „Durchsetzung vertraglicher Verpflichtungen durch Verwaltungsakt" angesprochen. Die Rechtsprechung hat darunter Fälle eingeordnet, in denen der öffentliche Vertragspartner seine vertragliche Forderung gegenüber dem Bürger durch einen mit Rechtsmittelbelehrung versehenen Bescheid geltend machte[1] oder in denen der Streit zwischen den Vertragsbeteiligten über die ordnungsgemäße Erfüllung der vertraglichen Verpflichtung mit Erlaß eines Verwaltungsaktes beendet werden sollte[2]. Ebenso findet sich die Konstellation, daß die Behörde durch Verwaltungsakt eine bereits erbrachte Leistung zurückforderte und weitere Erfüllungsleistungen ablehnte.[3]

In anderen Fällen ist das BVerwG hingegen auf die Frage der Durchsetzbarkeit vertraglicher Forderungen durch Verwaltungsakt überhaupt nicht eingegangen, obwohl in ihnen die Verquickung von Vertrags- und Verwaltungsaktsregeln nicht minder problematisch ist. So hatte es in zwei Entscheidungen[4] jeweils über die Wirksamkeit eines Verwaltungsaktes, in dem ein vorher abgeschlossener öffentlich-rechtlicher Vertrag zum Bestandteil des Bescheides erklärt wurde, zu befinden. Das Gericht erblickte in diesen Bestimmungen stets eine vollzugsfähige Auflage, d. h. die vertragliche Verpflichtung sollte mit Bestandskraft der Auflage vollstreckbar sein. Eine dementsprechende Gestaltung vertragserfüllender Genehmigungen entspricht nach *Götz* einer vielgeübten Praxis.[5]

Über die erwähnten Beispiele aus der Rechtsprechung hinaus sind aber auch noch weitere Fallgestaltungen vorstellbar, in denen es zu Kollisionen zwischen öffentlich-rechtlichem Vertrag und Verwaltungsakt kommen kann. Anknüpfen läßt sich beispielsweise an zwei Urteile des Bundesverwaltungsgerichts vom 27. 1. 1982[6], die sich mit den Voraussetzungen wirksamer vertraglicher Ablösung von Erschließungsbeiträgen gem. § 133 Abs. 3 Satz 2 BBauG beschäftigten. Hält die Gemeinde fälschlicherweise einen solchen Vertrag für nichtig, so wird sie den Erschließungsbeitrag erneut durch Leistungsbescheid festsetzen oder aber gegebenenfalls den Differenzbetrag zwischen der ursprünglich vertraglich bestimmten Ablösesumme und dem später tatsächlich auf den Beitragspflichtigen entfallenden höheren Kostenanteil durch Verwaltungsakt nachfordern. Zu denken ist weiterhin an die rechtswidrige

---
[1] Vgl. OVG Münster, DVBl 1977, 903 ff.
[2] BVerwGE 50, 171 ff.
[3] BVerwGE 59, 60 ff.
[4] BVerwG, Buchholz 310, § 40 VwGO Nr. 91; NJW 1980, 1292, 1295 f., ebenso die Vorinstanz VGH Mannheim, BRS 30, 212 ff.
[5] *Götz*, Jus 1970, 1 ff., 4.
[6] BVerwGE 64, 361 ff.; NJW 1982, 2392 f.

Aufhebung eines vertragserfüllenden Verwaltungsaktes seitens der Verwaltung.[7]

Schon bei der bloßen Abweichung des vertragserfüllenden Verwaltungsaktes von der vertraglichen Verpflichtung zeigt sich die Kollision zwischen Vertrags- und Verwaltungsaktsrecht. Der öffentlich-rechtliche Vertrag erlischt, ebenso wie ein privatrechtlicher obligatorischer Vertrag, nur, wenn die geschuldete Leistung erbracht wird (§ 362 BGB i. V. m. § 62 Satz 2 VwVfG). Falls die erbrachte Leistung nicht der geschuldeten entspricht, bleibt im Zivilrecht regelmäßig der vertragliche Anspruch bestehen. Gleiches gilt für das öffentliche Recht, sofern ein schlichthoheitliches Handeln geschuldet ist. Besteht die geschuldete Leistung aber im Erlaß des Verwaltungsaktes, so könnte die Bestandskraftfähigkeit dieses Erfüllungsaktes eine andere Lösung erzwingen.

Fraglich ist bei allen diesen Beispielen, ob der Verwaltungsakt trotz Widerspruch zur vertraglichen Regelung wirksam werden und in Bestandskraft erwachsen kann. Das Verwaltungsverfahrensgesetz löst dieses Problem nicht ausdrücklich.

b) Zur Durchsetzung vertraglicher Forderungen durch Verwaltungsakt

Die in Literatur[8] und Rechtsprechung[9] vielbehandelte Frage der Durchsetzbarkeit vertraglicher Forderungen durch Verwaltungsakt hat das Verwaltungsverfahrensgesetz zumindest grundsätzlich entschieden. Nach § 61 VwVfG kann sich jeder Vertragsschließende der sofortigen Vollstreckung aus dem öffentlich-rechtlichen Vertrag unterwerfen. Schon daraus folgt, daß umgekehrt vertraglich begründete Forderungen nur bei Unterwerfung unter die sofortige Vollstreckung von der Verwaltung selbst vollstreckt werden dürfen. Erst durch die Unterwerfungserklärung erhält die vertragsschließende Behörde die Möglichkeit einseitigen Handelns. Aufgrund der Unterwerfungserklärung tritt die vollstreckbare vertragliche Urkunde an die Stelle des Leistungsbescheides.[10] Es läßt sich mit § 61 VwVfG nicht vereinbaren, wenn die Verwaltung die vertragliche Forderung durch Übernahme in den Ver-

---

[7] Vgl. unter III 1 b - c.
[8] Vgl. aus der Literatur: *Lerche*, in: Staatsbürger und Staatsgewalt II, S. 59 ff., 83 ff. und die Diss. von *H. Stahl*, Klagen aus öffentlich-rechtlichen Verträgen; *Wulff*, Zwangsvollstreckung aus Verwaltungsverträgen; *Baumanns*, Die Zwangsvollstreckung aus öffentlich-rechtlichen Verträgen.
[9] Vgl. aus der älteren Rechtsprechung: OVG Hamburg, VerwRspr. 8, Nr. 52; OVG Münster, DÖV 1967, 722; DÖV 1971, 500; DVBl 1977, 903 ff.; BVerwGE 50, 171 ff.; 59, 60 ff.
[10] So auch ausdrücklich § 68 Abs. 2 2. Hs. rh-pf. VwVG.

2. Vertragliche Bindung und Bestandskraft des VAes

waltungsakt „vollstreckungsfähig" macht. Die nach § 61 VwVfG notwendige Mitwirkung des Bürgers durch Unterwerfung würde anderenfalls entwertet. Ein Verwaltungsakt des genannten Inhalts ist rechtswidrig.[11]

Dieses Ergebnis, das der mittlerweile h. M. entspricht, wurde vor Inkrafttreten des Verwaltungsverfahrensgesetzes auf zweierlei Weise begründet. Zum einen vertrat man die Ansicht, es widerspreche der im Vertrag vorausgesetzten Gleichordnung, wenn ein Vertragspartner Befugnisse subordinationsrechtlicher Art habe. Mit Betreten der koordinationsrechtlichen Ebene verzichte die Behörde auf ihr Recht zur Subordination.[12]

Die Gesetzesbegründung folgte dieser Ansicht. Dort wird ausgeführt, es entspreche dem Wesen des Vertrages, daß die Vertragsparteien nur im Wege der Klage oder aufgrund Unterwerfung unter die sofortige Vollstreckung zu einem Vollstreckungstitel gelangen.[13]

Bedenken gegen diesen Ansatz erwachsen daraus, daß man bei der Erfüllung der vertraglichen Verpflichtung subordinationsrechtliches Handeln in Gestalt des vertragserfüllenden Verwaltungsaktes zulassen will. Ob dann aber aus dem Gleichordnungsgedanken noch für die Erfüllungsebene ein generelles Verbot subordinationsrechtlichen Handelns abgeleitet werden kann, ist zweifelhaft.

Das Verbot der Vollstreckung vertraglicher Pflichten durch Verwaltungsakt wurde daneben in Rechtsprechung und Literatur aus einer fehlenden gesetzlichen Ermächtigungsgrundlage abgeleitet. Die Verwaltungsvollstreckungsgesetze des Bundes und der Länder kennen die Vollstreckung vertraglicher Forderungen nicht bzw. enthalten mit dem § 61 VwVfG gleichlautende Vorschriften.[14] Sie erlauben nur die Vollstreckung von Verwaltungsakten. Soweit man ein Verbot „mittelbarer" Vollstreckung nicht durch Umkehrschluß aus dem Landesverwaltungsverfahrensgesetz entnehmen konnte, leitete man es aus dem Mangel einer ausdrücklichen rechtssatzmäßigen Ermächtigung ab, vertragliche Pflichten mittels Verwaltungsakt durchzusetzen.[15]

---

[11] Ebenso *Baumanns*, S. 37; *Laubinger*, in: Ule / Laubinger, § 72 II 2.
[12] BVerwGE 50, 171, 174 f.; *Wulff*, S. 100 f.; *Kottke*, S. 136; *Bosse*, S. 89 ff. Ebenso argumentieren beispielsweise noch *Laubinger*, in: Ule / Laubinger, § 72 II 2; *Wallerath*, § 8 III 3 b, 6 c. Vgl. dagegen BVerwGE 40, 237, 238; 52, 183, 185. Kritisch zur Unterscheidung von Koordination und Subordination im Vertragsrecht beispielsweise *Gusy*, DVBl 1983, 1222 ff., 1224 f.
[13] BT-Drucks. 7/910, S. 83 zu § 57 EVwVfG.
[14] Vgl. z. B. § 68 rh-pf VwVG.
[15] BVerwGE 50, 171, 174 f.; *Redeker*, DÖV 1966, 543 ff., 545 f.; vgl. die Darstellung bei *Baumanns*, S. 31 ff. m. w. Nachw. Dies sollte nicht gelten für den Bereich der Durchsetzung vertraglicher Vereinbarungen auf dem Gebiet des

Die Rechtsprechung greift darüber hinaus, soweit sie sich mit dieser Problematik beschäftigt, regelmäßig eine von *Lerche* vertretene differenzierende Ansicht auf, ohne sich allerdings näher mit ihr auseinanderzusetzen.[16] *Lerche* hält auch ohne Unterwerfung des Bürgers die Vollstreckung vertraglicher Forderungen durch Verwaltungsakt für zulässig, wenn entweder der Vertragsschluß nur Tatbestandsmerkmal einer Norm oder aber der Vertrag lediglich neben die maßgebliche Rechtsgrundlage getreten ist. Soweit der Vertrag im Einzelfall neues oder inhaltlich paralleles Recht anstelle des älteren gesetzt habe, also Rechtsquelle sei, könne hingegen nicht vollstreckt werden.[17] Diese Auffassung könnte möglicherweise auch unter Geltung des Verwaltungsverfahrensgesetzes noch ihre Berechtigung haben.[18]

Zumindest der von *Lerche* genannten ersten Alternative ist beizupflichten. Falls ein Gesetz das Vorliegen eines öffentlich-rechtlichen Vertrages bestimmten Inhalts zur Voraussetzung behördlichen Handelns macht, liegt eine ausdrückliche gegenüber dem Verwaltungsverfahrensgesetz spezielle Ermächtigung vor. Als Beispiel läßt sich jedoch allenfalls der sogen. Expropriationsvertrag nennen. Er steht gem. § 110 Abs. 3 Satz 1 BBauG einem nicht mehr anfechtbaren Enteignungsbeschluß gleich und wird durch Ausführungsanordnung nach § 117 BBauG vollzogen.

Die Vollstreckungsmöglichkeit in dem von *Lerche* angesprochenen zweiten Fall muß jedoch abgelehnt werden. Zunächst einmal vollzieht der Verwaltungsakt, der sich lediglich auf die gesetzliche Grundlage stützt, auch nur das Gesetz. Die vertragliche Forderung wird hingegen nicht vollzogen oder vollstreckt.[19]

Eine Differenzierung zwischen normanwendenden und normersetzenden Verträgen[20] ist zudem verfehlt. Der öffentlich-rechtliche Vertrag ist nach dem Verwaltungsverfahrensgesetz gegenüber dem Verwaltungsakt alternatives Normvollzugsinstrument. Eine normersetzende Wirkung kommt ihm nur aufgrund seiner „Bestandskraftfähigkeit" zu, die Annex des Normvollzuges ist. Eine gegenteilige Ansicht würde

---
Beamtenrechts (vgl. BVerwGE 40, 237, 238 f.; 52, 183, 155), läßt sich aber heute wohl kaum noch mit der lex-posterior-Regel vereinbaren.
[16] Vgl. BVerwGE 50, 171, 174; 59, 60 ff., 63.
[17] *Lerche*, S. 59 ff., 83 ff.
[18] Zustimmend *Scholz*, JR 1972, 351 ff., 353; zuletzt *Osterloh*, JuS 1983, 280 ff., 281 f.
[19] Ebenso *Kopp*, VwVfG, § 61, Rdnr. 4 und *Maurer*, Verwaltungsrecht, § 10, Rdnr. 6.
[20] *Lerche*, S. 59 ff., 85; ebenso *Scholz*, JR 1972, 351 ff., 353; *H. Weber*, JuS 1976, 819; *Osterloh*, JuS 1983, 280 ff., 281 f. Kritisch dazu *J. Martens*, AöR 89 (1964), 429 ff., 432.

2. Vertragliche Bindung und Bestandskraft des VAes

die Unterschiede zwischen Normsetzung und Normvollzug negieren und käme der Merkl'schen Stufenlehre nahe, die beispielsweise den Verwaltungsakt als Normsetzungsakt begreift.[21]

Eine einmal getroffene Einzelfallentscheidung bindet die Verwaltung zudem nicht nur an den Regelungsinhalt, sondern auch an die Handlungsform. Dies folgt zum einen aus der unterschiedlich starken Bindung der Behörde an Verwaltungsakt und öffentlich-rechtlichen Vertrag und zum anderen aus den unterschiedlichen Durchsetzungsmöglichkeiten der durch Verwaltungsakt und öffentlich-rechtlichen Vertrag getroffenen Regelung. Die „mittelbare" Vollstreckung einer vertraglichen Forderung durch Verwaltungsakt verstößt gegen die bei Vertragsschluß eingegangene Selbstbindung. Eine gesetzliche Ermächtigung, die sowohl durch Verwaltungsakt wie durch öffentlich-rechtlichen Vertrag vollzogen werden kann, wird durch Entscheidung für eine Handlungsform quasi „verbraucht"[22].[23] Das Gesetz ist dann bereits konkretisiert und individualisiert. Auch die bloße Wiederholung durch Verwaltungsakt ist überflüssig und sie ist unzulässig, weil ein eigenständiger Normvollzug nicht mehr stattfindet.[24]

Die Unzulässigkeit einer Durchsetzung vertraglicher Pflichten durch Verwaltungsakt legt nahe, in den entsprechenden Erklärungen des öffentlichen Vertragspartners bloße Aufforderungen zur Vertragserfüllung und damit koordinationsrechtliche Akte zu sehen.[25] Bei Zweifeln über die Rechtsnatur einer Willenserklärung[26] spricht eine Vermutung für die zulässige Form. In vertragsbezogenen Erklärungen der Behörde wird man deshalb grundsätzlich vertragliche Willenserklärungen, nicht aber Verwaltungsakte sehen müssen.

Trotzdem spricht die Rechtsprechung solchen Erklärungen Verwaltungsaktscharakter zu. Der Grund für diese Ansicht kann nur vermutet werden. Er liegt wohl darin, daß die Unzulässigkeit der Handlungsform Verwaltungsakt nur als eines von mehreren Auslegungskriterien für die Bestimmung der Rechtsnatur einer vertragsbezogenen Erklärung erachtet wird.

---

[21] Vgl. *Merkl*, Allgemeines Verwaltungsrecht, S. 174 ff.
[22] Von einer „Sperrwirkung" spricht *Erichsen*, VerwArch 66 (1977), 65 ff., 71; zustimmend *Wallerath*, § 8 III 6 c; *Grupp*, VerwArch 69 (1978), 125 ff., 132, 139. Die Frage wird von BVerwGE 50, 171 ff., 174 ausdrücklich offengelassen.
[23] Die Fälle, in denen der Vertrag nur eine Teilregelung trifft bzw. bewußt Raum für eine Ergänzung durch Verwaltungsakt läßt, wie z. B. beim Verpflichtungsvertrag, bleiben unberücksichtigt. Dort wird die bereits endgültig getroffene vertragliche Regelung nicht durch Verwaltungsakt wiederholt.
[24] In diese Richtung auch *Maurer*, Verwaltungsrecht, § 10, Rdnr. 6.
[25] Vgl. schon *Lerche*, S. 59 ff., 85; *Laubinger*, in: Ule / Laubinger, § 72 II 4.
[26] Auch Verwaltungsakte sind Willenserklärungen, wenn sie auch besonderen Vorschriften unterliegen.

Die praktische Abgrenzung zwischen vertragsrechtlicher Willenserklärung und Verwaltungsakt stellt zutreffender Ansicht nach ein Auslegungsproblem dar.[27] Behördliche Willenserklärungen sind nach ständiger Rechtsprechung des Bundesverwaltungsgerichts entsprechend § 133 BGB aufgrund des erklärten Willens vom Empfängerhorizont her auszulegen, wobei Unklarheiten zu Lasten der Behörde gehen.[28] Dies läßt sich wohl auch auf § 43 Abs. 1 VwVfG stützen. Durch diese Vorschrift sollte die im Zivilrecht geltende Erklärungstheorie übernommen werden, nach der es nicht auf den Willen des Sachbearbeiters (Willenstheorie), sondern auf den Erklärungsinhalt ankommt.[29]

Für die Auslegung einer behördlichen Erklärung als Verwaltungsakt spricht allerdings auch die Beifügung einer Rechtsmittelbelehrung. Man kann hieraus schließen, daß die Behörde trotz Unzulässigkeit von der ihr grundsätzlich zustehenden einseitigen Befugnis, eine Einzelfallregelung zu treffen, Gebrauch machen wollte. Soweit das BVerwG die einer vertragserfüllenden Baugenehmigung beigefügte Bestimmung, der Vertrag sei Bestandteil der Genehmigung, als selbständige Auflage verstand, lag dem wohl neben dem genannten Aspekt das Bestreben zugrunde, sämtliche Bestimmungen einheitlich zu qualifizieren.

An diesem Beispiel zeigt sich jedoch auch, daß die von der Rechtsprechung vorgenommene Auslegung vertragswidriger Erklärungen der Behörde nicht nur aufgrund der unzulässigen Rechtsform problematisch ist. Maßgebend für die Auslegung ist auch der Empfängerhorizont. Der Empfänger kann aber im genannten Beispiel schon nicht erkennen, daß über die Genehmigungsregelung hinaus eine von der vertraglichen Verpflichtung insofern abweichende und eigenständige Forderung begründet wird, als sie ohne seine Unterwerfung einseitig vollstreckbar sein soll. Da er dies regelmäßig übersehen muß, die Rechtsmittelbelehrung belehrt ihn darüber ja gerade nicht, wird er auch keinen Widerspruch einlegen. Nur falls man allein auf das Interesse des öffentlichen Vertragspartners abstellt, läßt sich die ange-

---

[27] Vgl. schon *Lerche*, S. 59 ff., 85; *Konrad*, Der öffentlich-rechtliche Vertrag — Institution oder Trugbild, S. 63 ff.; *Laubinger*, in: Ule / Laubinger, § 67 I 2; *Grupp*, VerwArch 69 (1978), 125 ff., 137; vgl. auch BVerwGE 13, 99 ff., 103; 29, 310 ff., 313.

[28] BVerwGE 13, 99 ff., 103; 29, 310 ff., 312; 41, 305 ff., 306; 60, 223 ff., 229; NJW 1976, 303, 304; vgl. auch die Literatur: *Krause*, Rechtsformen, S. 229; *Konrad*, S. 63 ff.; *Laubinger*, in: Ule / Laubinger, § 67 I 2; *Erichsen / Martens*, § 11 II 4; *Kopp*, VwVfG, § 37, Rdnr. 4; *Weidemann*, DVBl 1981, 113 ff., 116; *Ebsen*, DÖV 1982, 389 ff., 395; *Appel*, BayVBl 1983, 201 ff., 207; *Stelkens*, in: Stelkens / Bonk / Leonhardt, § 35, Rdnr. 52 ff.; *Thomas*, in: Palandt, BGB, § 133, Anm. 2 b.

[29] Vgl. *Stelkens*, in: Stelkens / Bonk / Leonhardt, § 43, Rdnr. 16 mit Hinweis auf die Begründung zu § 130 Satz 2 EAO 1974, die ausdrücklich die Erklärungstheorie in das öffentliche Recht übernimmt.

2. Vertragliche Bindung und Bestandskraft des VAes

sprochene Erklärung als Auflage deuten. Die Behörde wird versuchen, die vertraglich getroffene Regelung, vornehmlich ihre Forderung, unzulässigerweise dem Verwaltungsaktsrecht zu unterwerfen, auf daß die Gefahr der Nichtigkeit sich verringere. Die Rechtsprechung des Bundesverwaltungsgerichts droht solchem unzulässigen Bemühen der Verwaltung Vorschub zu leisten.

Die Situation mag anders sein, wenn Streit über die Wirksamkeit des Vertrages oder den Eintritt der Erfüllung herrscht und die Behörde versucht, den Streit einseitig zu ihren Gunsten zu entscheiden. Dann wird der Bürger sich wehren, worauf einige der genannten Bundesverwaltungsgerichtsentscheidungen hindeuten mögen.[30] Der Blickwinkel des privaten Vertragspartners verdient aber auch hier stärkere Beachtung. Aufgrund des vorangegangenen Vertragsschlusses glaubt der Bürger sich abgesichert. Er wird nicht darüber aufgeklärt, daß er mit Eintritt der Bestandskraft seine vertragliche Position — möglicherweise — verliert. Allgemeiner Ansicht nach ist nämlich Folge der Vertragswidrigkeit eines Verwaltungsaktes bloß die Aufhebbarkeit, nicht aber die Nichtigkeit.[31] Nichtigkeitserwägungen werden in diesem Zusammenhang so gut wie nicht angestellt. Das Bundesverwaltungsgericht meinte in dem Beispielsfall, in dem die Behörde durch Verwaltungsakt feststellen wollte, daß der vertragliche Anspruch des privaten Vertragspartners nicht mehr bestehe, die Aufhebung des Verwaltungsaktes sei nötig, „damit die Bestandskraft des ablehnenden Verwaltungsaktes nicht der Klägerin entgegengehalten werden" könne.[32] Mit Bestandskraft eines vertragswidrigen Verwaltungsaktes könnte sich der private Vertragspartner demnach nicht mehr auf seinen vertraglichen Anspruch berufen.

c) Zur gerichtlichen Durchsetzung vertraglicher Ansprüche

Folgt man in der Auslegung vertragsbezogener Erklärungen des öffentlichen Vertragspartners der allgemeinen Ansicht und akzeptiert man des weiteren die Wirksamkeit vertragswidriger Verwaltungsakte sowie den daraus abzuleitenden Vorrang vor der vertraglichen Regelung, so hat dies auch Auswirkungen auf die Entscheidung des in der Literatur geführten Streites um die richtige Klageart zur Durchsetzung der auf Erlaß eines Verwaltungsaktes gerichteten vertraglichen Ansprüche. Dem Problem der Kollision von Vertrag und Verwaltungsakt wird auch in diesem Zusammenhang wenig Beachtung geschenkt.[33]

---

[30] Vgl. beispielsweise BVerwGE 50, 171 ff.; 59, 60 ff.
[31] Beispielsweise *Meyer*, in: Meyer / Borgs, § 60, Rdnr. 1; *Kopp*, VwVfG, § 60, Rdnr. 5.
[32] BVerwGE 59, 60 ff., 66.

Ein Teil der Literatur folgt der wohl zuerst von *Lerche* geäußerten Ansicht[34], dem koordinationsrechtlichen Charakter des öffentlich-rechtlichen Vertrages sei der „koordinationsrechtliche Klagetyp der Leistungsklage" zuzuordnen. Auch vertragliche Ansprüche auf Erlaß eines Verwaltungsaktes würden danach mit der Leistungsklage durchgesetzt. Diese Meinung beruht wiederum auf der Vorstellung, daß nicht nur die Verpflichtungsbegründung eine zur Koordination nötige Gleichordnung voraussetzt, sondern daß diese auch im Bereich der Erfüllungshandlung erhalten bleibt. Wenn aber die Vertreter dieser Auffassung den Verwaltungsakt, der gerade nur im Subordinationsverhältnis ergehen kann, als Erfüllungshandlung zulassen, liegt darin ein Widerspruch.[35] Nach der VwGO orientiert sich die Wahl der richtigen Klageart zudem nur am Klageziel, nicht aber an der Rechtsgrundlage des Anspruchs.[36] Erstrebt der Bürger den Erlaß eines Verwaltungsaktes, so ist danach die Verpflichtungsklage die angemessene Rechtsschutzform.

Laubinger stützt seine gegenteilige Ansicht auf die Überlegung, der private Vertragspartner stelle, indem er zur Vertragserfüllung den Erlaß eines Verwaltungsaktes begehre, keinen Antrag i. S. d. § 68 Abs. 2 VwGO, es handele sich hierbei vielmehr um eine bloße „Aufforderung" zur Vertragserfüllung. Da die Zulässigkeit der Verpflichtungsklage stets einen zuvor gestellten Antrag voraussetze, sei sie nicht die richtige Klageart.[37] Gegen diese Auslegung ist einzuwenden, daß damit der Rechtsgrund des geltend gemachten Anspruchs zu sehr in den Vordergrund gestellt wird. Der Antrag ist nur das Mittel zur Anmeldung des Anspruchs. Wenn die vertragserfüllende Willenserklärung des öffentlichen Vertragspartners, trotz ihrer Zielrichtung den Vertrag zu erfüllen, als Verwaltungsakt qualifiziert wird, ist nicht einzusehen, warum die „Aufforderung" zur Vertragserfüllung nicht gleichzeitig ein Antrag i. S. d. § 68 Abs. 2 VwGO sein kann.

Als weiteres Argument gegen die Verpflichtungsklage wird angeführt, die Durchführung eines Vorverfahrens sei wenig sinnvoll, wenn der Bürger Erfüllung eines vertraglichen Anspruchs begehre. Weder die

---

[33] Lediglich *Baumanns*, S. 96 f., sieht das Problem, ohne es allerdings hinreichend zu lösen.

[34] *Lerche*, S. 59 ff., 77 ff.; *Beinhardt*, VerwArch 55 (1964), 210 ff., 260; *Klückmann*, SKV 1977, 98 ff., 99; *Laubinger*, in: Ule / Laubinger, § 72 II 4; *Meyer*, in: Meyer / Borgs, § 61, Rdnr. 4; *Knack*, § 61, Rdnr. 8; *Wallerath*, § 8 III 6 c; differenzierend *Baumanns*, S. 94 ff. A. A. *Redeker*, DÖV 1966, 543 ff., 546; *Czermak*, DVBl 1967, 830; *Rebhan*, S. 426 f.; *Konrad*, S. 174; *Wulff*, S. 106; *Maurer*, Verwaltungsrecht, § 14, Rdnr. 54.

[35] Ähnlich schon *Schick*, Vergleiche und sonstige Vereinbarungen zwischen Staat und Bürger im Steuerrecht, S. 41; *Wulff*, S. 103.

[36] Vgl. Fn. 35 und *Rupp*, AöR 85 (1960), 149 ff., 307 ff.; *Meyer*, in: Meyer / Borgs, § 54, Rdnr. 7 (anders jedoch § 61, Rdnr. 4!).

[37] *Laubinger*, in: Ule / Laubinger, § 72 II 4.

2. Vertragliche Bindung und Bestandskraft des VAes

Zweckmäßigkeitsprüfung (§ 68 VwGO), noch die prinzipiell auf Rechtsmittelbelehrung abstellende Widerspruchsfrist (§§ 70, 58 VwGO) oder der Devolutiveffekt (§ 73 VwGO) seien dem vertraglichen Anspruch auf Erlaß eines Verwaltungsaktes angemessen. In einem Vertragsverhältnis sei dafür kein Raum.[38]

Einzuwenden ist zunächst, daß auch regelmäßig vor gerichtlicher Durchsetzung eines durch Zusicherung begründeten Anspruchs ein Vorverfahren durchzuführen ist. Welche Besonderheiten des Vertragsverhältnisses der Durchführung eines Vorverfahrens entgegenstehen, wird von den Vertretern dieser Auffassung an keiner Stelle genannt. Abgestellt wird wohl auf die im Vertragsverhältnis bestehende Gleichordnung der Vertragspartner, die mit Ausnahme der Kündigung oder sonstiger vertraglich vorbehaltener Befugnisse die bindende Entscheidung allein einer Seite ausschließt. Damit wird jedoch die Durchführung eines Vorverfahrens nicht überflüssig. Die Entscheidung der vorgesetzten Behörde verhilft dem Bürger möglicherweise schneller zu seinem Recht. Die Möglichkeit gerichtlicher Entscheidung wird dadurch allerdings verzögert.

Gegen die Ablehnung von Vorverfahren und Verpflichtungsklage ist des weiteren anzuführen, daß gerade im Falle des „vertragserfüllenden" Verwaltungsaktes, der von der vertraglichen Verpflichtung abweicht, die Leistungsklage zur Durchsetzung des vertraglichen Anspruchs dann nicht weiterhilft, wenn ein solcher Verwaltungsakt wirksam und bestandskräftig werden kann. Um den Eintritt der Bestandskraft zu verhindern, müßte der private Vertragspartner nicht nur Widerspruch, sondern auch Gestaltungsklage erheben. Die Leistungsklage allein kann jedenfalls mangels Gestaltungswirkung seinem Rechtsschutzinteresse nicht genügen.[39]

Auch der mögliche Rechtscharakter einer Erfüllungsverweigerung seitens des öffentlichen Vertragspartners ist zu berücksichtigen.[40]

Sofern die Verwaltung auf ein Erfüllungsverlangen des Bürgers überhaupt nicht reagiert und die Verpflichtungsklage richtige Klageart wäre, müßte die Frist des § 75 VwGO eingehalten werden. Ob diese Frist beim Bestehen einer vertraglichen Verpflichtung angemessen ist, muß zu Recht bezweifelt werden.

Die ausdrückliche Ablehnung, eine vertragliche Verpflichtung zum Erlaß eines Verwaltungsaktes zu erfüllen — und vornehmlich in diesen

---
[38] *Lerche*, S. 59 ff., 78; *Laubinger*, in: Ule / Laubinger, § 72 II 4; *Meyer*, in: Meyer / Borgs, § 61, Rdnr. 4; *Klückmann*, SKV 1977, 98 ff., 99; *Baumanns*, S. 77.
[39] Ebenso schon *Baumanns*, S. 96 und wohl auch *Wulff*, S. 104.
[40] *Lerche* (S. 85) sieht diesen Aspekt, geht jedoch nicht näher darauf ein.

Fällen wird eine Klage in Betracht kommen —, läßt sich jedoch kaum anders behandeln als die normale Ablehnung eines Verwaltungsaktes. In der Literatur[41] wird die Ansicht vertreten, die Ablehnung jeglicher beantragten Amtshandlung habe Regelungscharakter. Sie enthalte die verbindliche Entscheidung, daß dem Antragsteller ein entsprechender Anspruch nicht zustehe. Daß die Behörde gleichzeitig die Vertragserfüllung ablehnt, schließt, um auf einen Gedanken *Laubinger*'s einzugehen, nicht von vornherein den Verwaltungsaktscharakter aus. Es wäre seltsam, wenn zwar die Erfüllung des Vertrages ein Verwaltungsakt sein könnte, sämtliche sonstigen Handlungen im vertragsrechtlich relevanten Bereich jedoch als Vertragsakte anzusehen wären.

Maßgebend ist auch hier wieder die Auslegung der behördlichen Willenserklärung. Die einer Ablehnung der Vertragserfüllung beigefügte Rechtsmittelbelehrung läßt sich beispielsweise als Indiz für einen Verwaltungsakt werten. Davon abgesehen, hängt die Entscheidung wieder davon ab, ob man auf den Empfängerhorizont abstellt oder nicht. Der Adressat der Willenserklärung und Vertragspartner wird in der Ablehnung der Vertragserfüllung wohl eher eine koordinationsrechtliche Erklärung sehen. Die Verwaltung hat hingegen stets ein Interesse daran, einen evtl. Streit in kürzester Zeit entschieden zu wissen. Das ihr dazu zur Verfügung stehende Mittel, den Verwaltungsakt, wird sie demnach einsetzen wollen.

Kommt man, sich an der Rechtsprechung des Bundesverwaltungsgerichts orientierend, zu dem Ergebnis, daß zumindest der Form nach ein die Vertragserfüllung ablehnender wirksamer Verwaltungsakt vorliegt, so steht er der Geltendmachung des vertraglichen Anspruchs entgegen. Der private Vertragspartner kann sich nur auf seinen vertraglichen Anspruch berufen, sofern er durch Widerspruch die aufschiebende Wirkung nach § 80 Abs. 1 VwGO herbeiführt, der Verwaltungsakt im Vorverfahren aufgehoben oder gerichtlich kassiert wird. Unter diesem Gesichtspunkt wäre auch die Durchführung eines Vorverfahrens nötig und sinnvoll. Die auf Rechtsmittelbelehrung abstellende Widerspruchsfrist legte auch hier den Zeitraum fest, in dem der Bürger seinen vertraglichen Anspruch zunächst im Vorverfahren geltend machen müßte.

Die erwähnten Argumente für die *alleinige* Verwendung der Leistungsklage zur Durchsetzung vertraglicher Ansprüche könnte nach alledem nur dann berücksichtigt werden, wenn die Kollision von Vertrag und Verwaltungsakt zur Nichtigkeit des Verwaltungsaktes führen

---

[41] *Meyer*, in: Meyer / Borgs, § 35, Rdnr. 38; *Stelkens*, in: Stelkens / Bonk / Leonhardt, § 35, Rdnr. 80.

würde und es demnach einer gerichtlichen Kassation nicht mehr bedürfte.

d) „Überlagerung" der vertraglichen Regelung oder Nichtigkeit des vertragswidrigen Verwaltungsaktes?

Der von der Rechtsprechung angenommene Geltungsvorrang des vertragswidrigen Verwaltungsaktes gegenüber dem öffentlich-rechtlichen Vertrag stützt sich letztlich bloß auf die angenommene Wirksamkeit und Bestandskraftfähigkeit vertragswidriger Verwaltungsakte.[42] Diese lassen sich möglicherweise durch eine Gleichstellung von Gesetzwidrigkeit und Vertragswidrigkeit rechtfertigen. Der Verstoß gegen ein Gesetz führt nur ausnahmsweise gem. § 44 VwVfG zur Nichtigkeit eines Verwaltungsaktes. Die bloße Vertragswidrigkeit würde dann ebenfalls in aller Regel keinen besonders schwerwiegenden offenkundigen Fehler i. S. d. § 44 Abs. 1 VwVfG darstellen.

Eine solche Lösung würde nicht unbedingt dem in § 62 VwVfG zum Ausdruck kommenden Bestreben widersprechen, öffentliches und privates Vertragsrecht nach verwandten Prinzipien auszugestalten. Im Kaufrecht kann beispielsweise der Käufer einer Gattungssache seinen Erfüllungsanspruch durch Nichteinhaltung einer Rügefrist verlieren (§§ 477, 480 BGB).[43] Ebenso ließe es sich im öffentlichen Vertragsrecht rechtfertigen, daß der private Vertragspartner gehalten ist, seinen vertraglichen Anspruch durch Widerspruch und Anfechtung gegenüber einem vertragswidrigen Verwaltungsakt geltend zu machen, will er ihn nicht verlieren. Ebenso wie im zivilrechtlichen Kaufrecht der Verkäufer nur kurze Zeit mit Mängeleinreden rechnen müssen soll, erlauben es die Grundsätze der Rechtssicherheit und des Rechtsfriedens, gegebenenfalls auch im öffentlichen Recht von der Möglichkeit einer Verfristung vertraglicher Ansprüche auszugehen.

Fraglich ist allerdings, ob sich die vermeintliche Wirkung des Verwaltungsaktes gegenüber dem öffentlich-rechtlichen Vertrag dogmatisch rechtfertigen läßt.

aa) Prinzipien der Kollisionsvermeidung von öffentlich-rechtlichen Regelungsakten

Es bedarf keiner näheren Darlegung, daß die gleichzeitige Geltung nicht aufeinander abgestimmter Teilrechtssysteme wenig sinnvoll und deshalb zu vermeiden ist. Es gilt deshalb nach Grundsätzen zu suchen, mit denen sich eine Kollision auflösen läßt.

---

[42] Ebenso *Pieper*, DVBl 1967, 11 ff., 18 Fn. 75.
[43] Vgl. z. B. *Putzo*, in: Palandt, BGB, § 477, Anm. 1 a.

III. Probleme und Lösungen nach dem Verwaltungsverfahrensgesetz

Die Kollision verschiedener Regelungsakte wird im deutschen Recht auf der Grundlage des Postulats der Einheit und Widerspruchslosigkeit der Rechtsordnung nach bestimmten Regeln gelöst.[44] Stehen die Regelungsakte in einem Stufenverhältnis, wie z. B. Verfassungsnorm und einfaches Gesetz, so hat der Akt der höheren Rechtserzeugungsstufe Vorrang vor den Akten der niedrigeren Stufe. Die niederrangigen Akte sind deshalb bei einem Widerspruch nichtig.[45]

Bei Rechtsnormen der gleichen Stufe gilt der Satz: „lex posterior derogat legi priori"; dem zeitlich späteren Akt wird der Vorrang zugesprochen.[46] Zum gleichen Ergebnis gelangt man durch die Annahme einer konkludenten Aufhebung der entgegenstehenden, zeitlich vorherigen Akte, wenn nicht dies sogar Geltungsgrund des lex-posterior-Satzes ist.[47] Die lex-posterior-Regel wird durch den Satz „lex posterior generalis non derogat legi priori speciali" durchbrochen.[48] Neben den zeitlichen Aspekt tritt hier der Regelungsbereich der Norm als entscheidendes Kriterium.

Das Verhältnis von Einzelfallregelung zur Norm ist nunmehr grundsätzlich im Verwaltungsverfahrensgesetz geregelt. Die Rechtswidrigkeit des Verwaltungsaktes hat entweder die Nichtigkeit (§ 44 VwVfG) zur Folge oder aber sie führt lediglich zu einer gem. §§ 70, 74 VwGO befristeten Angreifbarkeit (§ 113 VwGO) bzw. Aufhebbarkeit (§§ 48, 49 VwVfG, 68 VwGO) des wirksamen Verwaltungsaktes (§ 43 VwVfG). Für die Zusicherung gilt gleiches (§ 38 Abs. 2 VwVfG).

---

[44] Vgl. *Engisch*, Einführung, S. 162 f. und *ders.*, Einheit, S. 41 ff.; *Renck*, JZ 1970, 770.

[45] „Lex superior derogat legi inferiori". Vgl. *Hensel*, HdbDStR II, 313 ff., 314; *Engisch*, Einführung, S. 163; *Renck*, JZ 1970, 770 f.; *Schneider*, Gesetzgebung, S. 308. Ob man die Geltung dieser Regel aus dem Stufenbau des Rechts i. S. d. Merkl-Kelsen'schen Stufenlehre einer gewohnheitsrechtlichen oder gar apriorischen Rangordnung oder, was richtig erscheint, auf bestimmte Kollisionsnormen stützt (dagegen *Engisch*, Einheit, S. 47 ff.; *Renck*, JZ 1970, 770), wie z. B. Art. 31 GG „Bundesrecht bricht Landesrecht", „Verfassungsrecht bricht Gesetzesrecht" (Vgl. *Rupp*, Rechtsschutz im Sozialrecht, 104 f.), kann hier dahingestellt bleiben. Problematisch ist in diesem Bereich, ob Landesverfassungsrecht vom einfachen Bundesrecht gebrochen i. S. v. „vernichtet" (so *Jutzi*, Landesverfassungsrecht und Bundesrecht, S. 25 ff. und auch *Hensel*, HdbDStR II, 312 ff., 321) oder ob es nur „überlagert" wird (so *von Olshausen*, Landesverfassungsbeschwerde und Bundesrecht, S. 105 ff., 133 ff.).

[46] Vgl. *Hensel, Engisch, Renck, Schneider* (s. Fn. 45).

[47] Ebenso schon *Bötticher*, Kritische Beiträge zur Lehre von der materiellen Rechtskraft im Zivilprozeß, S. 56. Dem zustimmend *Engisch*, Einheit, S. 48 und *Jesch*, Die Bindung des Zivilrichters an Verwaltungsakte, S. 74. *Bötticher* verweist unter Kritik an der Merkl'schen Stufenlehre zu Recht darauf, daß in der Rechtsetzungsbefugnis des Gesetzgebers die Derogationsbefugnis enthalten ist (S. 58).

[48] Vgl. *Schneider*, Gesetzgebung, S. 308; *Renck*, JZ 1970, 770.

2. Vertragliche Bindung und Bestandskraft des VAes

Der rechtswidrige öffentlich-rechtliche Vertrag ist wirksam, soweit die Rechtswidrigkeit nicht gem. § 58 zur schwebenden Unwirksamkeit bzw. gem. § 59 VwVfG zur Nichtigkeit führt.

Die „Kollisionsnormen" des Verwaltungsverfahrensgesetzes räumen demnach Einzelfallregelungen unter bestimmten Voraussetzungen den Geltungsvorrang vor dem Gesetz ein.[49]

Für das Verhältnis gleichartiger Einzelfallregelungen untereinander sind zunächst die Aufhebungsvorschriften im Verwaltungsverfahrensgesetz maßgebend. Widersprechen sich zwei Verwaltungsakte, so wird man im zeitlich späteren die konkludente Aufhebung des früheren Verwaltungsaktes gem. §§ 48, 49 VwVfG erblicken, falls die Aufhebung nicht ohnehin ausdrücklich ausgesprochen wird.[50] Gleiches gilt für das Verhältnis von Zusicherung und Verwaltungsakt. Der von der Verpflichtung abweichende zusicherungserfüllende Verwaltungsakt beinhaltet eine konkludente Aufhebung der Zusicherung (§§ 38 Abs. 2, 48, 49 VwVfG).[51] Zur echten Kollision kommt es jedenfalls nicht.

Auch im Verhältnis von Vertrag zu Vertrag werden sich keine Widersprüche ergeben, da die Vertragspartner durch einen neuen Vertragsschluß regelmäßig vorherige Vereinbarungen zumindest konkludent aufheben.[52]

Fraglich bleibt, nach welchen Vorschriften eine Kollision zwischen Vertrag und Verwaltungsakt, zwei Regelungsakten der gleichen Stufe, aber unterschiedlicher Rechtsnatur, aufzulösen oder zu verhindern ist.

bb) Konkludente Vertragskündigung durch Erlaß eines vertragswidrigen Verwaltungsaktes

Dem vertragswidrigen Verwaltungsakt läßt sich dann regelmäßig der Vorrang vor einer vertraglichen Regelung zuweisen, wenn der Ver-

---

[49] Eines Rückgriffs auf die „Selbstbezeugungstheorie" Otto Mayer's (Deutsches Verwaltungsrecht I, 3. Aufl., S. 95 f.) bedarf es deshalb nicht mehr (kritisch dazu z. B. Bötticher, S. 57 f. und Jesch, S. 52 ff.). Die gesetzliche Normierung entspricht im übrigen einer Forderung der Merkl'schen Stufentheorie (vgl. Merkl, Allgemeines Verwaltungsrecht, S. 211).
[50] Problematisch dürfte es insbesondere werden, wenn verschiedene Behörden widersprechende Entscheidungen treffen. Vgl. dazu Henseler, DVBl 1982, 390 ff. für die unterschiedliche Beurteilung der Vereinbarkeit eines Vorhabens mit sonstigen öffentlich-rechtlichen Vorschriften und Interessen innerhalb verschiedener Genehmigungsverfahren.
[51] Dagegen Maiwald, BayVBl 1977, 449 ff., 451 und wohl auch Maurer, JuS 1976, 485 ff., 491.
[52] Für das Verhältnis sich widersprechender Urteile wird auf die Rechtskraft des Urteils abgestellt, die eine nochmalige Entscheidung unzulässig werden läßt und aus der man den Vorrang des vorherigen Urteils ableitet. (Vgl. dazu BGH, NJW 1981, 1517; Thomas-Putzo, ZPO, § 261, Anm. 5 a und ausführlich Bötticher, S. 44 ff.).

III. Probleme und Lösungen nach dem Verwaltungsverfahrensgesetz

trag mit Erlaß eines entgegenstehenden Verwaltungsaktes seine Wirksamkeit verliert. Die Wirksamkeit des öffentlich-rechtlichen Vertrages kann durch Kündigung gem. § 60 VwVfG beendet werden.

Im Erlaß eines vertragswidrigen Verwaltungsaktes könnte man eine konkludente Kündigung gem. § 60 VwVfG sehen. Damit käme es bereits nicht mehr zu einer Kollision zwischen Vertrag und Verwaltungsakt. Dem Verwaltungsakt wäre dann möglicherweise eine Doppelnatur eigen, er wäre auch zugleich vertragliche Willenserklärung.

In der Literatur werden in anderem Zusammenhang in diese Richtung gehende Auffassungen vertreten.[53] Zuleeg[54] hat dagegen zu Recht eingewandt, es sei fraglich, welches Recht auf einen solchen janusköpfigen Akt Anwendung finde. Die Wirksamkeitsvoraussetzungen für einen Verwaltungsakt unterscheiden sich von denen vertraglicher Erklärungen. Die Kündigung entfaltet beispielsweise nur Wirkungen, falls die Voraussetzungen des § 60 VwVfG tatsächlich vorliegen. Liegen sie nicht vor, müßte dies zur Teilnichtigkeit des Doppelaktes führen, da auch der rechtswidrige Verwaltungsakt wirksam ist. Vertragserklärungen sind des weiteren prozessual nicht angreifbar.

Will man diese Probleme umgehen, indem man die Regeln für einen Rechtsakt, nämlich die des Verwaltungsaktes, vorgehen läßt[55], so entwertet man damit die Qualifikation der Kündigung als vertragliche Willenserklärung.[56]

Zu überlegen bleibt allerdings, ob nicht die Kündigung nach § 60 VwVfG von vornherein als Verwaltungsakt qualifiziert werden kann.[57] Die Kündigung unterscheidet sich jedoch dadurch vom Verwaltungsakt, daß sie mit dem Vertragsverhältnis nicht das normale Subordina-

---

[53] *Bleckmann* (Subventionsrecht, S. 89, 91) meint, die auf Abschluß eines öffentlich-rechtlichen Subventionsvertrages gerichtete Willenserklärung des Hoheitsträgers könne zugleich gegenüber evtl. Konkurrenten einen Verwaltungsakt enthalten. *Obermayer* (VwVfG, § 54, Rdnr. 18) meint, in den Fällen, in denen gleichzeitig mit dem Abschluß eines subordinationsrechtlichen Vertrages ein Verwaltungsakt ergehe, habe das Verhalten der Behörde Doppelcharakter. *Kopp* (BayVBl 1980, 609 ff., 610; vgl. auch *ders.*, VwVfG, § 60, Rdnr. 22) will dem Vertrag regelmäßig einen Verwaltungsakt vorschalten, durch den die Behörde über den Vertragsschluß entscheiden soll; zustimmend *Schwarze*, in: Knack, § 35, Rdnr. 4.1.1; gegen Kopp: *Clausen*, in: Knack, § 9, Rdnr. 3.3.1; *Schnapp*, AöR 108 (1983), 136 ff., 140. *Meyer-Cording* (Die Rechtsnormen, S. 139) möchte in der Beamtenernennung ein aus „Statusvertrag und Verwaltungsakt zusammengesetztes Rechtsgeschäft" erblicken.

[54] *Zuleeg*, Fröhler-Festschrift, S. 275 ff., 285; vgl. auch *Ehlers*, VerwArch 74 (1983), 112 ff., 119 ff.

[55] *Bleckmann*, Subventionsrecht, S. 148.

[56] *Zuleeg*, Fröhler-Festschrift, S. 275 ff., 285.

[57] Vgl. dazu auch *Bullinger*, DÖV 1977, 812 ff., 820; *Ule / Becker*, Verwaltungsverfahren im Rechtsstaat, S. 70.

tionsverhältnis zwischen Staat und Bürger, sondern koordinationsrechtlich geordnete Beziehungen gestaltet. Wollte man in der Kündigung durch den öffentlichen Vertragspartner einen Verwaltungsakt sehen, so würde man die allgemeiner Ansicht nach in einem Vertragsverhältnis bestehende Gleichordnung sprengen.[58] Dem Bürger könnte nämlich eine gleichartige Regelungsmacht niemals zustehen.

Die im Verwaltungsverfahrensgesetz durchgeführte klare Trennung zwischen Vertrags- und Verwaltungsaktsrecht beruht im übrigen gerade auf der angenommenen wesensmäßigen Verschiedenheit von Koordination und Subordination und steht deshalb der Annahme, die Kündigung sei Verwaltungsakt, entgegen. Sie läßt sich deshalb nur als einfache vertragliche Willenserklärung qualifizieren, der eine fehlerunabhängige Wirksamkeit nicht zukommt. Ihr Wirksamwerden ist vielmehr abhängig vom Vorliegen sämtlicher Tatbestandsvoraussetzungen.[59] Man wird deshalb auch annehmen dürfen, daß der Gesetzgeber den Begriff der Kündigung in bewußter Abgrenzung zum Verwaltungsakt benutzt hat.

Im Erlaß eines vertragswidrigen Verwaltungsaktes läßt sich deshalb eine konkludente Vertragskündigung nicht sehen.

cc) Aufhebung des öffentlich-rechtlichen Vertrages durch Verwaltungsakt

Der vertragswidrige Verwaltungsakt könnte, wenn schon keine konkludente Vertragskündigung, so doch eine konkludente Aufhebung des Vertrages enthalten.

Allerdings ist schon die generelle Aufhebbarkeit des Vertrages durch Verwaltungsakt zweifelhaft. Im Verwaltungsverfahrensgesetz findet sich keine ausdrückliche Vorschrift über die Wirksamkeit des öffentlich-rechtlichen Vertrages, wie sie § 43 VwVfG für den Verwaltungsakt enthält. Dort ist bestimmt, daß die zeitliche Geltung eines Verwaltungsaktes u. a. durch Widerruf und Rücknahme, also nach den §§ 48, 49 VwVfG und damit durch Erlaß eines neuen Verwaltungsaktes beendet werden kann.

Neben der Aufhebung eines Vertrages durch erneute vertragliche Regelung, die Möglichkeit versteht sich ebenso wie die Aufhebung durch Gesetzgebungsakt von selbst, kann die Geltung eines Vertrages aber nur durch Kündigung gem. § 60 VwVfG beendet werden. Es gibt keine Anhaltspunkte dafür, daß der Gesetzgeber daneben noch eine

---

[58] Vgl. BT-Drucks. 7/910, S. 82 zu § 56 EVwVfG.
[59] Vgl. z. B. *Meyer*, in: Meyer / Borgs, § 60, Rdnr. 22; *Kopp*, VwVfG, § 60, Rdnr. 22; *Bullinger*, DÖV 1977, 812 ff., 820.

Aufhebung des Vertrages durch Verwaltungsakt zulassen wollte. Die Begründung bringt vielmehr deutlich zum Ausdruck, daß beiden Vertragspartnern nur die gleichen Möglichkeiten, sich vom Vertrag zu lösen, zustehen sollten.[60] Ebensowenig wie ein Vertragsverhältnis durch Erlaß eines Verwaltungsaktes einseitig begründbar ist, kann es durch Verwaltungsakt beendet werden.

dd) Entsprechende Anwendung des Satzes „lex posterior derogat legi priori"

Man könnte daran denken, aus einem allgemeinen Grundsatz der derogierenden Kraft des actus contrarius, wie er im Satz „lex posterior derogat legi priori" zum Ausdruck kommt[61], die Aufhebung des zeitlich früheren Vertragsaktes durch einen vertragswidrigen Verwaltungsakt abzuleiten. Auch das Verhältnis der sich widersprechenden Verwaltungsakte, wie es durch die §§ 43, 48, 49 VwVfG geregelt ist, folgt letztlich diesem Prinzip.[62]

Der Grundsatz der derogierenden Wirkung des actus contrarius kann aber jedenfalls deshalb nicht auf das Verhältnis von Vertrag und Verwaltungsakt übertragen werden, da das Verwaltungsverfahrensgesetz gerade eine einseitige Vertragsaufhebung durch Verwaltungsakt nicht zuläßt. Der Verwaltungsakt soll gerade keine vertragsderogierende Wirkung haben. Sieht man als Grundlage des lex-posterior-Satzes die Annahme konkludenter Aufhebung früherer Akte, so ergibt sich dies schon aus der Unmöglichkeit ausdrücklicher Aufhebung.

ee) Überlagerung des öffentlich-rechtlichen Vertrages durch den vertragswidrigen Verwaltungsakt?

Kann durch Erlaß eines vertragswidrigen Verwaltungsaktes der Vertrag zwar nicht aufgehoben werden, so läßt sich dem Verwaltungsakt aber evtl. eine gewisse „Überlagerungswirkung" zusprechen. Stellt man Vertragswidrigkeit und Gesetzwidrigkeit gleich, so könnte man dem

---

[60] BT-Drucks. 7/910, S. 82 zu § 56 EVwVfG.

[61] Vgl. *Bötticher*, S. 40 ff., 54 ff.; *Merkl*, S. 201 ff., 310 f.; *Jesch*, S. 73 f.

[62] Ob man des weiteren auch die Kollision zweier sich widersprechender Urteile nach diesem Prinzip zu lösen hat, darauf deutet immerhin § 580 Ziff. 7 a ZPO hin (RGZE 52, 216 ff., 217; *Schumann / Leipold*, in: Stein / Jonas / Pohle, Zivilprozeßordnung § 322, Anm. IX 1 a; *Mädrich*, MDR 1982, 455 f.), oder ob man, dem Gedanken Böttichers folgend, nach dem die Rechtskraft gerade Kollisionen ausschließen soll, das spätere Urteil für nichtig halten muß (so unter Berufung auf § 580 Ziff. 7 a ZPO (!), BGH, NJW 1981, 1517; *Thomas / Putzo*, ZPO § 261, Anm. 5 a; *Hartmann*, in: Baumbach / Lauterbach / Albers / Hartmann, ZPO, Einleitung zu §§ 322 bis 327, Anm. D), dürfte immer noch ungeklärt sein.

Verwaltungsakt gegenüber einem Vertrag die gleiche Wirkung zumessen, wie gegenüber dem Gesetz. Getreu seiner in den §§ 43 ff. VwVfG niedergelegten materiell-rechtlichen Funktionen wird dem Normvollzugsakt regelmäßig der Vorrang vor der gesetzlichen Regelung zugesprochen, sofern es um die Bestimmung des Rechts für den Einzelfall geht. Ein Rückgriff auf das möglicherweise entgegenstehende Gesetz ist ausgeschlossen.

Das Bundesverwaltungsgericht[63] überträgt diesen Grundsatz auch auf das Verhältnis öffentlich-rechtlicher Vertrag — Verwaltungsakt, wenn es ausführt, der Vertragspartner könne sich mit Bestandskraft des Verwaltungsaktes nicht mehr auf den Vertrag berufen. Ob diese Übertragung aber zulässig ist, läßt sich bezweifeln.

Es sollen zunächst zwei Varianten auseinandergehalten werden. Der Verwaltungsakt kann entweder trotz seiner teilweisen Vertragswidrigkeit grundsätzlich bezwecken, die vertragliche Verpflichtung zu erfüllen oder aber er ergeht gänzlich unabhängig von vertraglichen Verpflichtungen bzw. will diese gerade beseitigen. Im letzteren Fall fehlt es bereits an einem Vollzugsverhältnis. Der Verwaltungsakt gibt schon gar nicht vor, die vertraglichen Regelungen näher ausgestalten und ausfüllen zu wollen. So ist beispielsweise denkbar, daß die Behörde nach Vertragsschluß, statt einen vertragserfüllenden Verwaltungsakt zu erlassen, mittels Verwaltungsakt entscheidet, der öffentlich-rechtliche Vertrag habe ab sofort keine Geltung mehr oder ein Anspruch auf Erfüllung bestehe nicht. Deutlich wird dies auch, soweit die gegen den Bürger bestehende vertragliche Forderung durch wiederholende Festsetzung im Verwaltungsakt vollstreckbar gemacht werden soll. Wie Maurer[64] richtig bemerkt, wird der Verwaltungsakt bei vertraglich bereits konkretisierten Ansprüchen nur noch als Vollstreckungstitel erlassen, er hat aber keine Konkretisierungsfunktion mehr. Man wird deshalb schon seine Regelungswirkung und damit das Vorliegen eines Verwaltungsaktes verneinen müssen.[65]

Aber auch wenn durch einen öffentlich-rechtlichen Verpflichtungsvertrag lediglich der gesetzliche Rahmen eingeengt wurde und durch den Verwaltungsakt jetzt noch näher konkretisiert werden soll, mithin eine dem Verhältnis Norm — Normvollzugsakt vergleichbare Fallgestaltung vorliegt, läßt sich die Überlagerungswirkung nicht auf das Verhältnis öffentlich-rechtlicher Vertrag — Verwaltungsakt übertragen. Kollisionen zwischen Einzelakten, ob sie zwischen Verwaltungsakten, worunter auch die Teil- und Vorakte des gestuften Verwaltungsverfah-

---
[63] BVerwGE 59, 60 ff., 65 f.
[64] *Maurer*, Verwaltungsrecht, § 10, Rdnr. 6.
[65] Vgl. bereits oben III 2 b.

rens fallen, oder ob sie zwischen Zusicherung und Verwaltungsakt bestehen, werden nicht durch Überlagerung der zeitlich früheren Regelung durch die zeitlich spätere gelöst, sondern durch Aufhebung des früheren Aktes. Die Überlagerungswirkung ist eine spezifische Wirkungsweise im Verhältnis Norm — Normvollzugsakt. Der normvollziehenden Verwaltung kommt eben keine normderogierende Rechtsmacht zu. Nur im Einzelfall wird ihrer gesetzwidrigen, bereits getroffenen Entscheidung aus Gründen der Rechtssicherheit und des Vertrauensschutzes Vorrang vor dem Gesetz eingeräumt.[66] Im Bereich einseitiger Normvollzugsakte hat hingegen die Verwaltung die Rechtsmacht, die von ihr gesetzten Akte auch wieder einseitig aufzuheben. Auch der rechtswidrige Widerruf, die rechtswidrige Rücknahme, ob nun ausdrücklich oder konkludent erfolgt, *derogieren* den Verwaltungsakt, sie *überlagern* ihn nicht bloß.

Das Verwaltungsverfahrensgesetz schließt aber nun die Aufhebung des öffentlich-rechtlichen Vertrages durch Verwaltungsakt gerade aus. Dann ist es auch nicht möglich, die allein für das Normvollzugsverhältnis geltende spezifische Überlagerungswirkung auf das Verhältnis der Normvollzugsakte Verwaltungsakt und öffentlich-rechtlichen Vertrag zu übertragen. Dem Verwaltungsakt ist vom Verwaltungsverfahrensgesetz die Fähigkeit, den Vertrag zu überlagern, weder eingeräumt, noch kommt sie ihm a priori begriffsmäßig zu. Nur eine solche Sicht wird der im Verwaltungsverfahrensgesetz vorgenommenen grundsätzlichen Trennung von Vertrags- und Verwaltungsaktsrecht, von Koordination und Subordination, gerecht.

Wenn dies bisher vornehmlich in der Rechtsprechung anders gehandhabt wurde, so mag das darauf beruhen, daß nicht hinlänglich differenziert wurde zwischen Normvollzug und „Einzelaktsvollzug". Aus dem Dargestellten folgt, daß der vertragswidrige Verwaltungsakt die Wirksamkeit des öffentlich-rechtlichen Vertrages weder beseitigen noch überlagern kann.

ff) Nichtigkeit des vertragswidrigen Verwaltungsaktes

Ist der Verwaltungsakt nicht als Instrument zur Veränderung der im Verpflichtungsvertrag vorgezeichneten Rechtsfolgen gedacht, so ist damit noch nicht das Schicksal von vertragsbezogenen behördlichen Erklärungen entschieden, die jedenfalls der Form nach als Verwaltungsakt gewertet werden müßten. Zu überlegen ist, ob der vertragswidrige Verwaltungsakt nichtig ist.

---

[66] In diese Richtung auch *Hengstschläger,* Die Verwaltung, 1979, 337 ff., 340.

2. Vertragliche Bindung und Bestandskraft des VAes

Die Nichtigkeitsvoraussetzungen des Verwaltungsaktes sind in § 44 VwVfG geregelt. Vertragswidrigkeit ist weder ein absoluter Nichtigkeitsgrund i. S. d. § 44 Abs. 2 VwVfG, noch läßt sie sich in den Negativkatalog der nicht zur Nichtigkeit führenden Fälle des § 44 Abs. 3 VwVfG einordnen. Ein vertragswidriger Verwaltungsakt könnte jedoch an einem besonders schwerwiegenden offenkundigen Fehler i. S. d. § 44 Abs. 1 VwVfG leiden.

Fraglich ist zunächst auch hier, ob § 44 Abs. 1 VwVfG als Kollisionsnorm, die vornehmlich das Verhältnis Norm — Normvollzugsakt erfaßt, anwendbar ist. Zumindest die entsprechende Anwendung erscheint naheliegend, da alternative Vorschriften fehlen und das möglicherweise erzielte Ergebnis angemessen ist. Führt die Abweichung vom Vertrag zur Nichtigkeit des Verwaltungsaktes, so wird eine Kollision unterschiedlicher Einzelfallregelungen vermieden.

Für den Eintritt der Nichtigkeitsfolge nach § 44 Abs. 1 VwVfG ist neben der Offenkundigkeit eines Fehlers erforderlich, daß dieser Fehler besonders schwerwiegend ist. Beide Kriterien können nicht streng voneinander getrennt betrachtet werden. Sie ergänzen und beeinflussen sich gegenseitig. Um so schwerer der Fehler ist, desto geringer sind die Anforderungen an seine Offenkundigkeit. Das gleiche gilt im umgekehrten Falle.[67]

Es soll trotzdem versucht werden, die beiden Kriterien gesondert auf den vertragswidrigen Verwaltungsakt anzuwenden.

Ein Verwaltungsakt leidet an einem besonders schwerwiegenden Fehler i. S. d. § 44 Abs. 1 VwVfG, wenn er unter keinen Umständen mit der Rechtsordnung zu vereinbaren ist[68] und es niemandem zugemutet werden kann, einen solchen Verwaltungsakt, wenn auch nur vorläufig, als gültig und verbindlich anzuerkennen[69]. Die schwerwiegende Fehlerhaftigkeit des vertragswidrigen Verwaltungsaktes läßt sich auf mehrerlei Art begründen.

Schon in dem Widerspruch zur gesetzlichen Trennung in Koordinationsrecht und Subordinationsrecht, die eine Vermengung beider Bereiche eben nicht zuläßt, kann man einen besonders schwerwiegenden Verstoß gegen die Rechtsordnung erblicken. Die klare gesetzliche Trennung läßt sich durchaus einem „speziellen, ausdrücklichen und ausnahmslosen Verbot"[70], eine bestimmte Regelung durch Verwaltungsakt zu treffen, gleichsetzen.

---
[67] Ebenso beispielsweise *Meyer*, in: Meyer / Borgs, § 44, Rdnr. 7.
[68] BVerwGE 23, 237 ff., 238; NJW 1971, 578; *Stelkens*, in: Stelkens / Bonk / Leonhardt, § 44, Rdnr. 8.
[69] *Ule*, in: Ule / Laubinger, § 57 IV I; *Meyer*, in: Meyer / Borgs, § 44, Rdnr. 8.
[70] Vgl. *Bachof*, in: Wolff / Bachof, § 51 III c 2; *Meyer*, in: Meyer / Borgs, § 44, Rdnr. 14.

III. Probleme und Lösungen nach dem Verwaltungsverfahrensgesetz

Des weiteren läßt sich die schwere Fehlerhaftigkeit daraus ableiten, daß ein Verwaltungsakt mit Anspruch auf Wirksamkeit seiner Regelung erlassen wird, ohne daß eine entgegenstehende vertragliche Regelung aufgehoben und damit unwirksam gemacht werden kann.

Sollte weiterhin ein Vertrag oder auch nur die vertragliche Forderung trotz der bereits geäußerten Bedenken zum „Bestandteil" eines vertragserfüllenden Verwaltungsaktes gemacht werden können, so wird dem privaten Vertragspartner, wie oben dargestellt wurde[71], faktisch keine Chance eingeräumt, Widerspruch einzulegen. Die Anfechtbarkeit des anerkanntermaßen rechtswidrigen Verwaltungsaktes ist dann ausgeschaltet. Die vertraglichen Nichtigkeitsgründe sollen jedoch auch dem Schutz des Bürgers dienen. Deutlich wird dies bei dem in § 59 Abs. 2 Nr. 4 VwVfG normierten Koppelungsverbot. Dieser Schutzzweck wird durch die Einbeziehung der vertraglichen Forderung in den geschuldeten Verwaltungsakt unterlaufen.

Zuletzt sei auf die vergleichbare Situation beim mitwirkungsbedürftigen Verwaltungsakt hingewiesen. Die Entlassung eines Beamten gem. § 30 BBG ist beispielsweise nach wohl h. A. jedenfalls dann nichtig, wenn der Beamte überhaupt keinen Antrag auf Entlassung gestellt hatte.[72] Die Mitwirkung des Beamten wird hier als unabdingbares Mitwirkungserfordernis verstanden, dessen Fehlen die Nichtigkeit zur Folge hat. Die Heilungsvorschrift des § 45 Abs. 1 Ziff. 1 VwVfG, nach der ein erforderlicher Antrag nachgeholt werden kann, steht dieser Ansicht nicht entgegen. Sie gilt nämlich nur für gültige Verwaltungsakte, trifft hingegen keine Aussage darüber, daß der Mitwirkungsmangel ein besonders schwerwiegender Fehler ist.[73]

Die Aufhebung eines öffentlich-rechtlichen Vertrages kann, von der begrenzten Kündigungs- und Anpassungsmöglichkeit gem. § 60 VwVfG abgesehen, nur unter Mitwirkung des privaten Vertragspartners vorgenommen werden. Gleiches gilt für die Vollstreckung einer vertraglichen Forderung, sie kann nur aufgrund der gem. § 61 VwVfG erforderlichen Mitwirkung (= Unterwerfung) des Bürgers erfolgen. Die Mitwirkung des Bürgers ist unabdingbares Erfordernis zur Aufhebung der vertraglichen Rechtsposition. Sieht man im Fehlen der zwingend

---

[71] Vgl. schon oben unter III 2 b.
[72] So *Niedermaier*, in: GKÖD, § 30, Rdnr. 18; *Wiedow*, in: Plog / Wiedow / Beck, BBG, § 30, Rdnr. 6, 9; *Battis*, BBG, § 30, Anm. 4; *Forsthoff*, Verwaltungsrecht, S. 207; *Badura*, in: Erichsen / Martens, § 39 III; *Ule*, in: Ule / Laubinger, § 57 IV c; *Schütz*, Beamtenrecht, § 33 BBG, Rdnr. 7; BayVGHE 12, 65. A. A. *Kopp*, VwVfG, § 44, Rdnr. 15. Die Frage wurde offengelassen in BVerwGE 30, 185 ff., 187 und OVG Münster, OVGE 14, 339 ff., 344.
[73] Vgl. *Stelkens*, in: Stelkens / Bonk / Leonhardt, § 45, Rdnr. 5; *Meyer*, in: Meyer / Borgs, § 45, Rdnr. 15.

2. Vertragliche Bindung und Bestandskraft des VAes

erforderlichen Mitwirkung des Adressaten zum Zustandekommen eines Verwaltungsaktes einen Nichtigkeitsgrund, so kann man nicht anders entscheiden, wenn zur Aufhebung der vertraglichen Rechtsposition die Mitwirkung des privaten Vertragspartners unabdingbar ist.

Der vertragswidrige Verwaltungsakt leidet deshalb an einem besonders schwerwiegenden Fehler gem. § 44 Abs. 1 VwVfG.

Fraglich bleibt seine Offenkundigkeit. Hält man den zuletzt gezogenen Vergleich zum mitwirkungsbedürftigen Verwaltungsakt für berechtigt, so wird man bereits aus diesem Grunde dazu neigen, die Offenkundigkeit zu bejahen.

Maßstab für die Offenkundigkeit des Fehlers soll nach § 44 Abs. 1 VwVfG das „bei verständiger Würdigung aller in Betracht kommenden Umstände" gewonnene Urteil sein. Der Gesetzgeber wollte damit einen Mittelweg beschreiten. Weder die subjektive Erkenntnisfähigkeit des konkret Betroffenen noch die eines juristisch geschulten Beobachters sollte entscheidend sein.[74] Es ist deshalb erlaubt, Evidenz jedenfalls immer dann anzunehmen, wenn der Fehler schon dem juristisch nicht geschulten Durchschnittsbürger auffällt. In komplizierten Fällen kann aber auch ein mit dem öffentlichen Recht Vertrauter als hypothetische Bezugsperson herangezogen werden. Zudem braucht die Bewertung sich nicht auf die Informationen zu beschränken, die sich dem Verwaltungsakt selbst entnehmen lassen, sondern „alle in Betracht kommenden Umstände" sind heranzuziehen.[75]

Das bedeutet für den vertragswidrigen Verwaltungsakt, daß zur Bestimmung der Evidenz eines Fehlers auf den entgegenstehenden Vertrag zurückgegriffen werden kann. Während der Durchschnittsbürger beim „normalen" Verwaltungsakt zu beurteilen hat, ob die Einzelfallregelung eine zutreffende Konkretisierung der abstrakt-generellen Norm beinhaltet, kann er hier auf den Vertrag als Maßstab zurückgreifen. Dieser beinhaltet bereits eine nähere Bestimmung der durch Verwaltungsakt zu treffenden Einzelfallregelungen. Damit wird ein Aspekt zurückgedrängt, der für die regelmäßige Geltung des rechtswidrigen Verwaltungsaktes spricht. Die Gefahr, daß der juristisch nicht vorgebildete Bürger die Gesetzeskonkretisierung nur schwer in richtiger Weise nachvollziehen kann, ist hier vermindert.

Soweit beispielsweise durch Verwaltungsakt[76] eine vertraglich bereits festgesetzte Verpflichtung nochmals, aber mit deutlich unterschied-

---

[74] BT-Drucks. 7/910, S. 63 zu § 40 EVwVfG.
[75] *Meyer*, in: Meyer / Borgs, § 44, Rdnr. 9; *Bachof*, in: Wolff / Bachof, § 51 I 4.
[76] Zu den Bedenken, die in solchen Fällen bereits gegen die Annahme eines Verwaltungsaktes sprechen, vgl. oben III 2 b.

lichem Inhalt festgesetzt oder das Bestehen eines vertraglichen Anspruchs verneint wird, ist die Fehlerhaftigkeit des Verwaltungsaktes zweifellos offenkundig. Das Bundesverwaltungsgericht hat allerdings auch in diesen Fällen offenkundiger Fehlerhaftigkeit keinen Anlaß gesehen, sich überhaupt mit der Frage der Nichtigkeit vertragswidriger Verwaltungsakte zu beschäftigen.[77]

Die vorausgegangene Überlegung wiegt allerdings um so leichter, je ungenauer der Inhalt des Verwaltungsaktes im Vertrag umschrieben ist. In diesen Fällen läßt sich nur von der Schwere des Fehlers auf seine Offenkundigkeit schließen.

Soweit ein Verwaltungsakt die vertragliche Forderung bloß wiederholt oder der Vertrag, falls dies überhaupt möglich sein sollte, in eine Auflage des vertragserfüllenden Verwaltungsaktes übernommen wird, könnte man ebenfalls an der Offenkundigkeit des Fehlers zweifeln. Wie bereits „zur Auflage" ausgeführt wurde[78], wird der private Vertragspartner, von der Erkennbarkeit einer selbständigen Regelung ganz abgesehen, auch die Vertragswidrigkeit in aller Regel nicht oder nur dann erkennen, wenn beispielsweise über Höhe und Bestand der Forderung gestritten wurde. Die Bezugsperson für das Offenkundigkeitsurteil ist jedoch nicht der Regelungsadressat, sondern ein Durchschnittsbürger, der mit dem öffentlichen Recht auch in gewissem Maße vertraut sein kann.

Maurer[79] erwägt in diesem Zusammenhang, die Offenkundigkeit des Fehlers schon aus der „nunmehr eindeutigen Rechtsprechung" zur Durchsetzbarkeit vertraglicher Forderungen durch Verwaltungsakt herzuleiten. Damit würde man aber wohl dem Durchschnittsbürger etwas zuviel juristische Schulung zutrauen.

Das Verbot der Durchsetzung vertraglicher Forderungen durch Verwaltungsakt leitet sich letztlich aus der Unterscheidung zwischen Koordination und Subordination ab. Es entspricht wohl auch der Anschauung des Laien, daß ein Vertragsverhältnis durch Gleichordnung gekennzeichnet ist und ohne entsprechende Vereinbarung nicht der eine Teil Rechte hat, die der andere nicht hat oder haben kann. Gesteht man dem „hypothetischen Betrachter" noch das Wissen zu, daß der Verwaltungsakt eine selbständige Forderung schafft und mit Ablauf der Widerspruchsfrist Einwendungen abgeschnitten sind, so dürfte diesem Betrachter auch die Fehlerhaftigkeit eines Verwaltungsaktes, der nur die vertragliche Forderung vollstreckbar machen soll, offenkundig sein.

---

[77] Vgl. z. B. BVerwGE 50, 171 ff.; 59, 60 ff.
[78] Vgl. oben III 2 b.
[79] *Maurer*, Verwaltungsrecht, § 10, Rdnr. 6.

Demnach ist auch die Offenkundigkeit des Fehlers eines vertragswidrigen Verwaltungsaktes zu bejahen. Der vertragswidrige Verwaltungsakt ist deshalb gem. § 44 Abs. 1 VwVfG nichtig.

Ob die Nichtigkeit den ganzen oder nur einen Teil des Verwaltungsaktes erfaßt, hängt davon ab, ob er insgesamt oder nur teilweise mit der vertraglichen Verpflichtung unvereinbar ist. Die Nichtigkeitsfolge bestimmt sich dann nach § 44 Abs. 4 VwVfG.

e) Zwischenergebnis

Der vertragswidrige Verwaltungsakt ist nichtig gem. § 44 Abs. 1 VwVfG. Die Nichtigkeit vertragswidriger Verwaltungsakte hat zur Folge, daß der private Vertragspartner nicht gezwungen ist, Rechtsbehelfs- und Rechtsmittelfristen zur Wahrung seiner vertraglichen Rechte einzuhalten. Die Unzulässigkeit und Unwirksamkeit der Gestaltung vertraglich abschließend geregelter Rechtsverhältnisse durch Verwaltungsakt legen darüber hinaus den Schluß nahe, daß im Zweifel entsprechende einseitige Erklärungen der Behörde keine Verwaltungsakte, sondern Willenserklärungen vertragsrechtlicher Natur sind.

3. Die Folgen der Nichtigkeit des öffentlich-rechtlichen Verpflichtungsvertrages für den vertragserfüllenden Verwaltungsakt

Wurden bisher nur die Rechtsfolgen betrachtet, die der wirksame öffentlich-rechtliche Verpflichtungsvertrag hervorruft, so bleibt noch der Frage nachzugehen, ob nicht auch die Nichtigkeit des Vertrages auf den Verwaltungsakt abfärbt. Die zuvor festgestellte Abhängigkeit zwischen wirksamem Verpflichtungsvertrag und vertragserfüllendem Verwaltungsakt könnte auch für den Fall der Nichtigkeit des Vertrages gelten.

Rechtsprechung und Literatur sehen zum ganz überwiegenden Teil in der Nichtigkeit des Vertrages zumindest keinen Nichtigkeitsgrund für den Verwaltungsakt.[1] Dem ist insofern zuzustimmen, als die Nichtigkeit eines öffentlich-rechtlichen Vertrages keinesfalls die Nichtigkeit oder auch schon die Rechtswidrigkeit eines jeden Verwaltungsaktes bewirken kann, der nachträglich irgendwie den Rechtsbereich gestaltet, den die vertragliche Regelung erfassen sollte. Wollte man von einer

---
[1] Vgl. z. B. *Maurer*, Verwaltungsrecht, § 14, Rdnr. 46; *Bonk*, in: Stelkens / Bonk / Leonhardt, § 54, Rdnr. 74 (unklar aber § 58, Rdnr. 14 f.); *Schimpf*, S. 282 f.; *Tschaschnig*, S. 39.

solchen grundsätzlichen Annahme ausgehen, so würde man damit der Verwaltung sogar die Befugnis abschneiden, auch dann eine Regelung durch Verwaltungsakt zu treffen, wenn sich nachträglich herausstellen sollte, daß der Vertrag unwirksam war. Die unwirksame Verpflichtung der Behörde kann nicht die gleiche Sperrwirkung entfalten wie der wirksame Vertrag. Die Behörde muß beispielsweise eine Genehmigung auch dann erteilen können, nachdem sie erkannt hat, daß ihre vertragliche Verpflichtung wegen unzulässiger Verknüpfung mit einer Gegenleistung nichtig ist. Deutlich wird dies auch an dem Fall, in dem die Nichtigkeit des Vertrages sich aus dem gesetzlichen Handlungsformverbot ableitet. Dort steht nur noch die alternative Handlungsform Verwaltungsakt zur Verfügung.

Fraglich bleibt, ob diese Überlegung aber auch für den Verwaltungsakt gelten kann, der als Erfüllungshandlung gedacht ist. Aus zweierlei Gründen ist die Erörterung dieser Frage nötig. Einmal stützt sich die praktische Anwendung der Kombination von öffentlich-rechtlichem Verpflichtungsvertrag und vertragserfüllendem Verwaltungsakt wesentlich auf die gegenüber dem öffentlich-rechtlichen Vertrag geringere Nichtigkeitsgefahr des Verwaltungsaktes, d. h., sie beruht auf der Prämisse, daß eine Fehleridentität zwischen Verpflichtungsvertrag und vertragserfüllendem Verwaltungsakt zwar möglich ist, die Nichtigkeit des Vertrages sich jedoch regelmäßig nicht auf den Verwaltungsakt erstreckt. Sollte sich diese Prämisse in Zweifel ziehen lassen, so entfiele damit ein weiterer, wichtiger Grund für die Kombination von Verpflichtungsvertrag und vertragserfüllendem Verwaltungsakt.

Zum zweiten kommt der Lösung der angesprochenen Frage Bedeutung bei der Rückabwicklung von vertragsbedingten Leistungen zu. Bestehen Leistung und Gegenleistung in einem gegenseitigen Nachgeben der Vertragspartner — dies ist beim Vergleichsvertrag gem. § 55 VwVfG der Fall —, so fragt sich, ob auch nach Nichtigkeit des Verpflichtungsvertrages der Verwaltungsakt als weiterer Rechtsgrund beider Leistungen bestehen bleibt. In diesen Fällen wird der Bürger die Widerspruchsfrist oft verstreichen lassen, weil er sich aufgrund seiner vertraglichen Verpflichtung gebunden fühlt und seine vertragliche „Leistung" quasi im Verzicht auf Widerspruch und Klage gegen den vertragserfüllenden Verwaltungsakt besteht. Die Behörde erhält damit einen ungerechtfertigten Vorteil, sofern die Nichtigkeit des Vertrages den Verwaltungsakt nicht erfaßt. Die Erfüllung durch Verwaltungsakt würde faktisch eine Heilung des nichtigen Verpflichtungsvertrages bewirken. Den Interessen des Bürgers könnte allenfalls über das Institut des Verschuldens bei Vertragsschluß genügt werden.

3. Folgen der Nichtigkeit des Verpflichtungsvertrages für den VA

Bei Nichtigkeit eines Austauschvertrages kann der private Vertragspartner hingegen erbrachte Leistungen im Wege des öffentlich-rechtlichen Erstattungsanspruchs geltend machen. Falls der Verwaltungsakt die Nichtigkeit des Vertrages nicht teilt, ist der öffentliche Vertragspartner in diesem Falle nur unter den Voraussetzungen der §§ 48, 49 VwVfG und gegebenenfalls unter Ausgleich des Vertrauensschadens befugt, den vertragserfüllenden Verwaltungsakt zurückzunehmen. Auch diese unterschiedliche Behandlung der gegenseitigen Leistung ist wenig sinnvoll. Sie hat das Bestreben der Verwaltung zur Folge, die vertragliche Forderung nochmals durch Verwaltungsakt festzusetzen, speziell sie zum Bestandteil des vertragserfüllenden Verwaltungsaktes zu machen und so einen neuen, vom Vertragsrecht unabhängigen Rechtsgrund für die Leistung des Bürgers zu schaffen. Die hiergegen bestehenden Bedenken wurden bereits genannt.[2]

Die Rechtsprechung versucht bisweilen diese mißliche Lage auf andere Weise auszugleichen. Sie schränkt entsprechend dem zivilrechtlichen Vorbild den Erstattungsanspruch des Bürgers unter Berufung auf Treu und Glauben (§ 242 BGB) ein, wenn die erbrachte Gegenleistung der Verwaltung nicht mehr rückgängig zu machen ist.[3]

Bei den sogen. Folgelastenverträgen, auf diese beziehen sich die gerichtlichen Entscheidungen überwiegend, mag diese Lösung angemessen sein. Die vom öffentlichen Vertragspartner erbrachte Leistung, z. B. der Erlaß eines Bebauungsplanes, verursacht in der Regel erhebliche Kosten, die gerade durch die vertragliche Gegenverpflichtung des Bürgers finanziert werden sollten. Die Leistung kann des weiteren oft selbst nicht mehr aufgehoben werden, während der private Vertragspartner sie möglicherweise, wie z. B. den Bebauungsplan durch Bebauung seines Grundstücks, ausgenutzt hat. Der Rückabwicklung der behördlichen Leistung steht insbesondere der Interessenschutz nicht am Vertrag beteiligter Dritter entgegen, der Folge der abstrakt-generellen Regelung ist.

Diese Überlegungen lassen sich nur schwer auf den sogen. Verwaltungsaktsvertrag übertragen. Bei der Rückabwicklung sind dort lediglich die Interessen der Vertragspartner zu berücksichtigen. Mit einer Ansicht in der Literatur könnte man annehmen, daß die Nichtigkeit des Verpflichtungsvertrages auch stets die Rechtswidrigkeit des „vertragserfüllenden" Verwaltungsaktes zur Folge hat und ein Vertrauensschutz des Bürgers regelmäßig nicht zu gewähren ist.[4] Das Bundesver-

---
[2] Vgl. III 2 b.
[3] BVerwG, NJW 1974, 2247; BVerwGE 55, 337 ff.; OVG Münster, DVBl 1978, 305 ff.; vgl. auch BVerwG, NJW 1980, 1294 ff., 1295. Dazu auch *Obermayer*, VwVfG, § 58, Rdnr. 18.

waltungsgericht hat sich zu diesem Problemkreis nur indirekt und für den Fall geäußert, daß der Bürger im Gegensatz zur Behörde seine geschuldete Leistung noch nicht erbracht hatte.[5] Es lehnte eine Leistungspflicht allein aus dem Grundsatz von Treu und Glauben ab und verwies die Verwaltung auf „die ihr zur Verfügung stehenden Mittel", mit denen sie „—etwa im Wege der Rückabwicklung des Rechtsverhältnisses — für rechtmäßige Zustände" sorgen könne.[6]

Sollte die Nichtigkeit des Vertrages sich entgegen der Ansicht in Literatur und Rechtsprechung auf den Verwaltungsakt erstrecken, so entstehen die angesprochenen Probleme nicht. Auch falls aus der Nichtigkeit des Verpflichtungsvertrages zunächst die Rechtswidrigkeit des vertragserfüllenden Verwaltungsaktes folgen würde, so führte dies jedenfalls zur Anwendbarkeit des § 48 VwVfG und damit zur Erleichterung der Rückabwicklung.

a) Zur unterschiedlichen Fehlerfolge bei Verwaltungsakt und öffentlich-rechtlichem Vertrag

Die Behandlung von Rechtsfehlern ist im Vertragsrecht und im Recht des Verwaltungsaktes gänzlich unterschiedlich ausgestaltet. Das hat seine Ursache in der Vorstellung des Gesetzgebers, nach der der öffentlich-rechtliche Vertrag nicht wie ein Verwaltungsakt durch gerichtliche Entscheidung aufhebbar sein sollte. Um dem Gesetzmäßigkeitsprinzip Genüge zu tun, sah er sich gegenüber dem Verwaltungsakt zu einer Ausweitung der Nichtigkeitsgründe veranlaßt.[7]

Die im Verwaltungsverfahrensgesetz enthaltenen Nichtigkeitsgründe (§§ 58, 59 VwVfG) erfassen nicht nur einen viel größeren Bereich von Rechtsverstößen als § 44 VwVfG, sie sind auch mit Ausnahme des § 59 Abs. 2 Ziff. 1 VwVfG, der wiederum auf § 44 VwVfG verweist, evidenzunabhängig. Die Nichtigkeit des Verwaltungsaktes bestimmt sich vornehmlich nach § 44 Abs. 1 VwVfG, tritt also regelmäßig erst bei Offenkundigkeit des Rechtsverstoßes ein. Das hat zur Folge, daß beispielsweise der Verstoß gegen ein gesetzliches Verbot nach § 59 Abs. 1 VwVfG i. V. m. § 134 BGB[8] zur Nichtigkeit eines Vertrages führt, unabhängig davon, ob der Verstoß offenkundig ist, wie dies bei einem Verwaltungsakt, der ebenso gegen das gesetzliche Verbot verstößt, zu fordern wäre.

---

[4] Vgl. *Bonk*, in: Stelkens / Bonk / Leonhardt, § 39, Rdnr. 9, § 62, Rdnr. 6; *Maurer*, Verwaltungsrecht, § 14, Rdnr. 46.
[5] Vgl. BVerwG, NJW 1980, 1294 f., 1295.
[6] Ebenda.
[7] BT-Drucks. 7/910, S. 81 zu § 55 EVwVfG.
[8] So die h. M., vgl. statt aller *Meyer*, in: Meyer / Borgs, § 59, Rdnr. 16 ff.

3. Folgen der Nichtigkeit des Verpflichtungsvertrages für den VA

Es ist allerdings möglich, daß sowohl der Verpflichtungsvertrag wie der vertragserfüllende Verwaltungsakt wegen offenkundigen Verstoßes gegen ein „spezielles, ausdrückliches und ausnahmsloses Verbot" nichtig sind.[9] Die Nichtigkeit des Vertrages beruht dann stets auch auf § 59 Abs. 2 Ziff. 1 i. V. m. § 44 Abs. 1 VwVfG. Diese wohl seltenen Fälle können hier jedoch außer Betracht bleiben. Regelmäßig wird der zur Nichtigkeit des Verpflichtungsvertrages führende Fehler nicht zugleich ein besonders schwerer, offenkundiger Fehler des vertragserfüllenden Verwaltungsaktes sein. Als Beispiel mag der bereits mehrfach erwähnte Fall dienen, in dem der wegen Verstoßes gegen das Koppelungsverbot nichtige Verpflichtungsvertrag zum Bestandteil der vertragserfüllenden Genehmigung erklärt wurde.[10] Der VGH Mannheim meinte hier wohl zu Recht, daß „die Auflage aus denselben Gründen wie der Vertrag, nämlich wegen Verstoßes gegen das Koppelungsverbot, rechtswidrig" sei. Er wollte hierin jedoch keinen schweren offenkundigen Mangel sehen.[11]

Die Nichtigkeitsregelung des § 44 VwVfG knüpft des weiteren, ebensowenig wie sie ausdrücklich die Vertragswidrigkeit erfaßt, an die Nichtigkeit des Vertrages an, zu dessen Erfüllung der Verwaltungsakt erlassen wurde. Sollten sich Vertragslosigkeit und Gesetzlosigkeit gleichstellen lassen, so kann der „vertragslose" Verwaltungsakt kaum anders als der „gesetzlose" Verwaltungsakt behandelt werden. Ein gesetzloser Verwaltungsakt ist, wie sich mittelbar aus § 79 Abs. 2 Satz 1 BVerfGG ableiten läßt, auch dann wirksam, wenn er aufgrund einer später durch das BVerfG für nichtig erklärten Norm erging. Nichtigkeit läßt sich demnach nur annehmen, wenn der Verwaltungsakt „auf einer schon für nichtig erklärten Norm beruht"[12], nur dann wird die Fehlerhaftigkeit des Verwaltungsaktes offenkundig sein. Da die Nichtigkeit des Vertrages regelmäßig nicht offenkundig ist, mangelt es an der Evidenz der „Vertragslosigkeit" auf die Vertragserfüllung gerichteter Verwaltungsakte. Gemessen an § 44 Abs. 1 VwVfG ist der „vertragslose" Verwaltungsakt schon aus diesem Grunde meistens wirksam.

Dies kann zu der problematischen Situation führen, daß aus der Sicht des Bürgers der vertragserfüllende Verwaltungsakt nichtig ist, weil er evident gegen die vertragliche Verpflichtung verstößt, während in Wirklichkeit der Verpflichtungsvertrag, für den Bürger nicht erkennbar, nichtig war. In diesem Falle fehlt es an einem besonders schwer-

---
[9] Vgl. *Bachof*, in: Wolff / Bachof, § 51 III c 2; *Meyer*, in: Meyer / Borgs, § 44, Rdnr. 14.
[10] BVerwG, NJW 1980, 1294 ff.
[11] VGH Mannheim, BRS 30, 212 ff., 216.
[12] *Bachof*, in: Wolff / Bachof, § 51 III c 1; *Meyer*, in: Meyer / Borgs, § 44, Rdnr. 14.

wiegenden Fehler i. S. d. § 44 Abs. 1 VwVfG, der im tatsächlichen Widerspruch zur wirksamen vertraglichen Verpflichtung gelegen hätte. Hat die Vertragslosigkeit nicht die Nichtigkeit „vertragserfüllender" Verwaltungsakte zur Folge, so wird man dem Bürger deshalb stets raten müssen, gegen einen vertragswidrigen Verwaltungsakt Widerspruch einzulegen, denn der Verpflichtungsvertrag könnte ja nichtig sein.

b) Die Nichtigkeit des Verpflichtungsvertrages als Rechtswidrigkeitsgrund für vertragserfüllende Verwaltungsakte

Decken sich schon die Nichtigkeitstatbestände für Vertrags- und Verwaltungsakt nicht, so stellt sich die Frage, ob zumindest die Nichtigkeit des Verpflichtungsvertrages ein Rechtswidrigkeitsgrund für den vertragserfüllenden Verwaltungsakt sein kann. Da die Nichtigkeit regelmäßig eine gesteigerte Folge der Rechtswidrigkeit ist, erscheint es sinnvoll, zunächst bei dieser Frage anzusetzen. Die Literatur schließt teilweise von der Nichtigkeit des Vertrages auf die Rechtswidrigkeit des Verwaltungsaktes und hält die Behörde für berechtigt, in der Regel sogar für verpflichtet, den Verwaltungsakt, der zur Erfüllung eines nichtigen Vertrages erging, gem. § 48 VwVfG zurückzunehmen.[13]

Dieser Ansicht liegt folgender Umkehrschluß zugrunde: Da der wirksame Verpflichtungsvertrag als Rechtsgrund die Rücknahme des vertragserfüllenden Verwaltungsaktes ausschließt, soll bei Nichtigkeit des Vertrages der Verwaltungsakt mangels Rechtsgrund rechtswidrig sein. Besonders deutlich wird dies bei *Bonk*, wenn er ausführt, dem Bürger sei der Vertrauensschutz bei der Rücknahme zu versagen, „denn wenn die Rechtsordnung dem Verpflichtungsvertrag die Anerkennung" versage, könne „die Erfüllungshandlung davon nicht unberücksichtigt bleiben"[14]. Einer ähnlichen Vorstellung neigte schon das Bundesverwaltungsgericht in einer Entscheidung aus dem Jahre 1963 zu, indem es die vorher abgeschlossene Freibauvereinbarung als Geschäftsgrundlage der darauf erteilten Genehmigung begriff.[15] Ebenso läßt sich möglicherweise die Entscheidung des Bundesverwaltungsgerichts vom 13. 7. 1979 verstehen. Das Gericht führte dort allerdings recht knapp aus: „Die Auflage mag, weil sie auf einen nichtigen Vertrag zurückgeht, rechtswidrig sein[16]."

---

[13] *Bonk*, in: Stelkens / Bonk / Leonhardt, § 58, Rdnr. 13, § 59, Rdnr. 9, § 62, Rdnr. 6; *Maurer*, Verwaltungsrecht, § 14, Rdnr. 46.

[14] *Bonk*, in: Stelkens / Bonk / Leonhardt, § 59, Rdnr. 9.

[15] BVerwGE 17, 339 ff.; vgl. I 3.

[16] BVerwG, NJW 1980, 1294 ff. Vergleicht man jedoch diese Aussage mit der Argumentation des VGH Mannheim (BRS 30, 212 ff., 216) als Vorinstanz, wonach der Fehler des Verwaltungsaktes im (selbständigen) Verstoß gegen

3. Folgen der Nichtigkeit des Verpflichtungsvertrages für den VA

Dieser Ansicht ist jedoch zu widersprechen. Zunächst kann aus den Rechtsfolgen, die der wirksame Verpflichtungsvertrag für den vertragserfüllenden Verwaltungsakt hat, nicht geschlossen werden, daß auch die Nichtigkeit der vertraglichen Verpflichtungen entsprechende Wirkungen auf den vertragserfüllenden Verwaltungsakt haben muß.

Der wirksame Verpflichtungsvertrag begründet Rechtspflichten. Die Erfüllung wirksamer Verpflichtungen bedeutet pflichtgemäßes und darum rechtmäßiges Handeln. Insoweit sind Rechtswidrigkeitsgrund des Vertrages und Rechtswidrigkeitsgrund des Verwaltungsaktes nicht deckungsgleich. Der nichtige Verpflichtungsvertrag begründet hingegen keinerlei Rechtspflichten. Seine Erfüllung kann deshalb auch nicht als pflichtwidrig erachtet werden. Bei Nichtigkeit des Vertrages bleibt als Maßstab der Rechtswidrigkeit in erster Linie das Gesetz. Zu verweisen ist des weiteren auf die Unterschiede zwischen Rechtsgrundlosigkeit und Rechtswidrigkeit. Die Begriffe decken sich nicht.[17] Die Rechtsgrundlosigkeit bezeichnet das Fehlen einer Einzelverpflichtung, während die Rechtswidrigkeit auf der fehlenden Übereinstimmung mit dem Gesetz beruht.[18]

Ist der Verwaltungsakt vom Gesetz gedeckt, kann allenfalls der Umstand erheblich sein, daß die Verwaltung glaubte, in Erfüllung einer vertraglichen Verpflichtung zu handeln. Ob der Irrtum darüber, daß Rechtsgrund des Verwaltungsaktes nicht der Vertrag, sondern das Gesetz ist, erheblich ist, mag zweifelhaft sein.

Soweit das Gesetz der Behörde ein Ermessen einräumt, könnte man der Ansicht sein, daß der Erlaß eines Verwaltungsaktes zwecks Erfüllung einer unerkannt nichtigen vertraglichen Verpflichtung ermessensfehlerhaft ist, da die Behörde ihrer Ermessensentscheidung einen fehlerhaften Sachverhalt zugrunde legte. Sie glaubte, aufgrund eines wirksamen Vertrages in ihrer Ermessensausübung gebunden zu sein.

Man würde dabei übersehen, daß die Behörde ihr gesetzlich eingeräumtes Ermessen schon ausübt, indem sie sich vertraglich zum Erlaß eines Verwaltungsaktes verpflichtet. Soweit sie sich so gebunden hat, entfällt eine erneute Ermessensausübung. Am deutlichsten dürfte dies in den Fällen sein, in denen Vertragsschluß und Erlaß des Verwaltungsaktes gleichzeitig erfolgen. Es sind deshalb die Fälle der gebundenen und der Ermessensentscheidung gleich zu behandeln.

---

das Koppelungsverbot lag, mit dem auch der Vertrag kollidierte, dann läßt sich eher vermuten, daß das BVerwG nichts anderes meinte.

[17] Vgl. bereits oben III 1 b aa.
[18] Die Rechtswidrigkeit eines gegen einen rechtswidrigen, aber wirksamen Verpflichtungsvertrag verstoßenden Verwaltungsaktes folgt aus der gesetzlich angeordneten Wirksamkeit des Vertrages. Vgl. oben III b cc.

Der Irrtum der Behörde als möglicher Rechtswidrigkeitsgrund wird im Verwaltungsrecht vornehmlich beim Problem der isolierten Anfechtbarkeit von Nebenbestimmungen berücksichtigt. Die sogen. Willenstheorie lehnt dabei die isolierte Aufhebung der rechtswidrigen Nebenbestimmung für den Fall ab, daß die Behörde den Verwaltungsakt nicht ohne den rechtswidrigen Teil erlassen hätte. In diesem (Regel-)Falle „infiziere" die Rechtswidrigkeit der Nebenbestimmung den ganzen Verwaltungsakt.[19]

Gegen diese Ansicht muß jedoch eingewandt werden, daß damit dem Irrtum der Behörde die Eigenschaft als selbständiger Fehlertatbestand zugesprochen würde, während ansonsten subjektive Fehlvorstellungen unberücksichtigt bleiben.[20] Nicht die subjektive Fehlvorstellung im Entscheidungsvorgang, sondern alleine das Produkt desselben, sowie der ordnungsgemäße Verfahrensablauf und auch dieser nur eingeschränkt (§ 46 VwVfG), sind am Gesetz zu messen.[21]

Während die erwähnte Willenstheorie sich früher vornehmlich auf den Rechtsgedanken aus § 139 BGB berief, zieht die Literatur heute verstärkt § 44 Abs. 4 VwVfG zur Lösung der Teilaufhebbarkeit bzw. Teilrechtswidrigkeit heran.[22] Nach dieser Vorschrift erfaßt die Nichtigkeit eines Verwaltungsaktsteils den gesamten Verwaltungsakt, „wenn der nichtige Teil so wesentlich ist, daß die Behörde den Verwaltungsakt nicht ohne den nichtigen Teil erlassen hätte". Der hypothetische Behördenwille wird dabei jedoch überwiegend und ähnlich wie im Zivilrecht bei § 139 BGB nach objektiven Kriterien bestimmt.[23] Es wird darauf abgestellt, wie eine vernünftige, eine rechtlich handelnde und sachgemäß entscheidende Behörde gehandelt hätte. Der konkrete Irrtum der Behörde bleibt außer Betracht.

Ob aber dem § 44 Abs. 4 VwVfG wirklich der Rechtsgedanke entnommen werden kann, daß unter den dort angegebenen Voraussetzun-

---

[19] Vgl. zu dieser „Infizierungstheorie" die Nachw. bei *Elster*, Begünstigende Verwaltungsakte mit Bedingungen, Einschränkungen und Auflagen, S. 278 ff.; *H. J. Schneider*, Nebenbestimmungen im Verwaltungsprozeß, S. 142 ff.; *Cöster*, Kassation, Teilkassation und Reformation durch die Verwaltungs- und Finanzgerichte, S. 44 ff.

[20] *W. Martens*, DVBl 1965, 428 ff., 430; *Erichsen*, VerwArch 66 (1975), 299 ff., 308; *Bachof*, in: Wolff / Bachof, § 51 VI.

[21] Vgl. *Erichsen*, VerwArch 66 (1975), 299 ff., 308.

[22] *Erichsen / Martens*, § 15 II 3; *Laubinger*, VerwArch 72 (1983), 345 ff., 365; *Schenke*, JuS 1983, 182 ff., 184; vgl. auch *Cöster*, S. 46 ff. Vgl. auch § 59 Abs. 3 VwVfG.

[23] Vgl. *Laubinger*, VerwArch 72 (1983), 345 ff., 367 m. w. N.; *Maurer*, Verwaltungsrecht, § 10, Rdnr. 48; *Erichsen / Martens*, § 15 II 3; *Kopp*, VwVfG, § 44, Rdnr. 62; noch stärker den subjektiven Willen betonend *Meyer*, in: Meyer / Borgs, § 44, Rdnr. 27. Bezüglich § 139 BGB vgl. *Heinrichs*, in: Palandt, BGB, § 139, Anm. 3.

3. Folgen der Nichtigkeit des Verpflichtungsvertrages für den VA

gen die Teilrechtswidrigkeit auch den „an sich" rechtmäßigen Teil erfaßt, bleibt fraglich.[24] § 44 Abs. 4 VwVfG setzt zunächst die Teilbarkeit des Verwaltungsaktes voraus.[25] Fehlt diese, so ist bei Fehlerhaftigkeit stets der gesamte Verwaltungsakt nichtig. Nur bei Teilbarkeit entsteht die Frage, ob die Teile des Verwaltungsaktes unterschiedlichem Schicksal unterliegen. Es ist des weiteren zwar zutreffend, daß die Nichtigkeit grundsätzlich gegenüber der bloßen Aufhebbarkeit eine gesteigerte Folge der Rechtswidrigkeit ist.[26] § 44 Abs. 4 VwVfG will jedoch bloß sicherstellen, daß eine als einheitlich ergangene Entscheidung, auch wenn sie sich aus Teilregelungen zusammensetzt, einem einheitlichen Schicksal unterliegt. Inwieweit eine Gesamtregelung einheitlich war, bestimmt sich dabei nach den Merkmalen der Wesentlichkeit und des hypothetischen Behördenwillens. Die Nichtigkeitsfolge des „an sich" wirksamen Teilaktes knüpft hierbei nicht an dessen Rechtswidrigkeit, sondern an die Einheitlichkeit des Gesamtaktes an. Nicht die übliche Voraussetzung der Nichtigkeit, nämlich schwerwiegende, offenkundige Fehlerhaftigkeit, liegt bei beiden Teilakten vor, sondern vielmehr erfaßt bloß die Rechtsfolge der Nichtigkeit beide Teile.[27] Ein Rückschluß von der Gesamtnichtigkeit auf die Rechtswidrigkeit auch des „ursprünglich" nicht nichtigen Teils ist verfehlt.[28] § 44 Abs. 4 VwVfG läßt sich deshalb nicht für die Ansicht ins Felde führen, daß der subjektive Wille, den die Behörde bei Erlaß eines Verwaltungsaktes hatte, auf die Rechtswidrigkeit des Verwaltungsakts Einfluß hat. Entscheidend ist allein die Übereinstimmung mit dem Gesetz oder sonstigen wirksamen Rechtsakten.

Der Irrtum über die Wirksamkeit einer vertraglichen Verpflichtung hat deshalb alleine nicht die Rechtswidrigkeit des „vertragserfüllenden" Verwaltungsakts zur Folge. Das läßt sich anhand einiger Beispiele bestätigen. Ist beispielsweise ein öffentlich-rechtlicher Verpflichtungsvertrag formnichtig (§ 59 Abs. 1 VwVfG i. V. m. § 125 BGB), so kann dies keinen Einfluß auf die Beurteilung der Gesetzmäßigkeit des Verwaltungsaktes haben. Verstößt des weiteren ein Verpflichtungsvertrag gerade deshalb gegen das in § 56 VwVfG niedergelegte Koppe-

---

[24] So aber *Erichsen / Martens*, § 15 II 3; *Schenke*, JuS 1983, 182 ff., 184; *Laubinger*, VerwArch 72 (1983), 345 ff., 366, er gesteht allerdings in Fn. 64 zu, daß dieser Gedankengang nicht unproblematisch ist.

[25] Dazu *Laubinger*, VerwArch 72 (1983), 345 ff., 360 ff.

[26] Darauf stützen *Erichsen / Martens*, § 15 II 3, *Laubinger*, VerwArch 72 (1983), 345 ff., 366 und *Schenke*, JuS 1983, 182 ff., 184, ihren Schluß auf die Rechtswidrigkeit des gem. § 44 Abs. 4 VwVfG von der Nichtigkeit erfaßten anderen Teils.

[27] Diese Möglichkeit räumt auch *Laubinger*, VerwArch 72 (1983), 345 ff., 366 Fn. 64, ein.

[28] Im Ergebnis ebenso *Stelkens*, in: Stelkens / Bonk / Leonhardt, § 44, Rdnr. 37 a.

lungsverbot, weil der private Vertragspartner einen Anspruch auf eine nebenbestimmungsfreie Baugenehmigung hat, so kann auch dies keinen Einfluß auf die Rechtmäßigkeit der zur Erfüllung des Vertrages ergangenen nebenbestimmungsfreien Genehmigung haben.

Aus dem Vorangegangenen folgt auch, daß die Nichtigkeit des Verpflichtungsvertrages nicht automatisch zur Anwendbarkeit des § 48 VwVfG führt, sondern ein Verstoß des Verwaltungsakts gegen das Gesetz ausdrücklich festgestellt werden muß.[29]

c) Die Nichtigkeit des Verpflichtungsvertrages als Nichtigkeitsgrund für „vertragserfüllende" Verwaltungsakte

Die Regeln über die Nichtigkeit und Aufhebbarkeit von Verwaltungsakten sind auf das Verhältnis von Verwaltungsakt zu Gesetz bezogen. Die Vereinbarkeit mit dem Gesetz ist entscheidend. Eine andere Frage ist, ob die Abhängigkeit von Vertrag und ihn erfüllenden Verwaltungsakt nicht selbständige Bedeutung hat. Es zeigt sich hier, daß dem vertragserfüllenden Verwaltungsakt eine gewisse Doppelnatur eigen ist. Er findet seine Grundlage zwar einerseits im Verpflichtungsvertrag, verliert aber auch andererseits nicht seine Eigenschaft als Normvollzugsinstrument, weil er das Gesetz weiter konkretisiert. Je nachdem welcher der beiden Aspekte betont wird, beeinflußt dies die Entscheidung der Frage, welche Folgen die Vertragsnichtigkeit für den vertragserfüllenden Verwaltungsakt hat.

aa) Nichtigkeit des vertragserfüllenden Verwaltungsaktes aufgrund Rechtsgrundabhängigkeit

Den Vertragsvollzug betont das Bundesverwaltungsgericht in einer frühen Entscheidung, indem es den bürgerlich-rechtlichen Grundsatz über den Wegfall bzw. das Fehlen der Geschäftsgrundlage entsprechend anwendet und derart zur Nichtigkeit des vertragslosen Verwaltungsaktes gelangt.[30]

---

[29] Entgegen *Bonk* (in: Stelkens / Bonk / Leonhardt, § 59, Rdnr. 9) läßt sich zudem der regelmäßige Wegfall des gem. § 48 Abs. 2 VwVfG zu berücksichtigende Vertrauensschutz nicht schon daraus herleiten, daß „die Rechtsordnung dem Verpflichtungsvertrag die Anerkennung versagt". Dabei bliebe unberücksichtigt, daß das VwVfG, wie die in § 48 Abs. 2 Satz 3 VwVfG genannten Fälle zeigen, das Vertrauen des Verwaltungsaktes nur dann nicht schützt, wenn der Bürger den Verwaltungsakt durch unredliche Mittel erlangt hatte oder dessen Rechtswidrigkeit kannte. Die Nichtigkeitsfolge des Vertrages ist aber, von § 59 Abs. 2 Nr. 2 VwVfG abgesehen, zumindest von der Fehlerkenntnis unabhängig. Vgl. auch *Maurer*, Verwaltungsrecht, § 14, Rdnr. 46.

[30] BVerwGE 17, 339 ff.

3. Folgen der Nichtigkeit des Verpflichtungsvertrages für den VA 109

Man könnte demgegenüber einwenden, daß sogar das Fehlen einer gesetzlichen Grundlage regelmäßig noch nicht zur Unwirksamkeit des gesetzlosen Verwaltungsaktes führt, sondern lediglich zu dessen Aufhebbarkeit gem. den §§ 48, 49 VwVfG.

§ 48 VwVfG knüpft, indem es die Rechtswidrigkeit des Verwaltungsaktes voraussetzt, an das Fehlen der Geschäftsgrundlage an, während § 49 VwVfG zukünftige Veränderungen der Sach- und Rechtslage, also den Wegfall der Geschäftsgrundlage erfaßt.[31] Ein Rückgriff auf die zivilrechtlichen Grundsätze könnte daneben unzulässig sein.

Es stellt sich jedoch erneut die Frage, ob die §§ 43 ff. VwVfG auch das Verhältnis von Einzelverpflichtungsakt und Erfüllungsakt erfassen. Eine verbreitete Ansicht geht wohl davon aus, indem sie an das privatrechtliche Abstraktionsprinzip anknüpft.[32] Die Bestandskraft des Verwaltungsaktes in dem weiten Sinne, wie ihn das Verwaltungsverfahrensgesetz für die §§ 43 ff. VwVfG benutzt, soll auch die Abstraktion von einem Verpflichtungsakt rechtfertigen. Die Wirksamkeit des „vertragslosen Verwaltungsaktes" wäre auf diese Weise gesichert.

Wollte man dem jedoch folgen, so hieße das, privatrechtliches Abstraktionsprinzip und öffentlich-rechtliches Prinzip der Bestandskraft von Verwaltungsakten, wie es seine Ausprägung im Verwaltungsverfahrensgesetz (§§ 43 ff. VwVfG) gefunden hat, zu verwechseln. Das privatrechtliche Abstraktionsprinzip betrifft lediglich die „horizontale Ebene" zwischen Verpflichtungs- und Erfüllungsgeschäft. Es sagt nichts über die „vertikale Ebene" zwischen Gesetz und Erfüllungsakt. Bei Rechtswidrigkeit ist der privatrechtliche Erfüllungsakt in aller Regel unabhängig von der Wirksamkeit des Verpflichtungsaktes nichtig.

Die Vorschriften über die Wirksamkeit des Verwaltungsaktes erfassen allein die „vertikale Ebene" im Sinne der Stufenlehre. Sie treffen eine Aussage über die Rechtsfolgen, die bei einem Verstoß des Einzelaktes gegen Rechtsnormen eintreten. Es handelt sich insofern um Kollisionsnormen.

Die Kollisionsregelung rechtfertigt sich aus der Funktion des Verwaltungsaktes als Normvollzugsinstrument. Privatrechtliche Erfüllungsakte dienen dagegen nur dem „Vollzug" der Einzelverpflichtung, nicht aber der Normkonkretisierung. Während die Wirksamkeit rechtswidriger Verwaltungsakte auf eine Abwägung zwischen Gesetzmäßigkeits-

---
[31] Ebenso *Kopp*, VwVfG, § 48, Rdnr. 2; *Krause*, Rechtsformen, S. 169; vgl. dazu auch *Fiedler*, VerwArch 67 (1976), 125 ff., 139, der in der clausula rebus sic stantibus ein (vertragliches) Pendant zum Widerruf von Verwaltungsakten sieht.
[32] Z. B. *Schimpf*, S. 75; *Bosse*, S. 76; *Baumanns*, S. 20 m. w. N.; *Tschaschnig*, S. 32 ff.

prinzip einerseits und Rechtssicherheit und Vertrauensschutz des Adressaten andererseits beruhen, bezweckt die Abstraktheit privatrechtlicher Erfüllungsgeschäfte vornehmlich den Schutz Dritter. Die privatrechtlichen dinglichen Verträge sind zwar abstrakt, d. h. unabhängig in ihrer Wirksamkeit von einer Causa. Ihren Sinngehalt finden sie aber trotzdem in einem vertraglichen Rechtsgrund. Der Verwaltungsakt ist dagegen als Normvollzugsakt „kausal", d. h. aus seiner Funktion heraus verständlich. Er bedarf gerade keines vorgeschalteten Verpflichtungsaktes zur Sinngebung.

Die Bestandskraft von Verwaltungsakten läßt sich deshalb allenfalls als „Abstraktion der Einzelfallregelung von der vollzogenen Norm" umschreiben. Aus der Wirksamkeit und Bestandskraft des Verwaltungsaktes kann nicht auf die Geltung eines Abstraktionsprinzips in der horizontalen Ebene zwischen Einzelverpflichtungsakt und Erfüllungsakt geschlossen werden.

Fraglich ist aber, ob dies den Schluß zuläßt, der Verwaltungsakt sei deshalb, sofern er zur Erfüllung einer vertraglichen Verpflichtung erlassen wurde, in jeder Beziehung rechtsgrundabhängig, es gelte quasi ein Einheitsprinzip, das bei Nichtigkeit des Vertrages die Nichtigkeit des Verwaltungsaktes zur Folge habe.[33] In diesen Fällen wäre auch ein Rückgriff auf das Institut des Fehlens der Geschäftsgrundlage überflüssig. Soweit das Fehlen der Geschäftsgrundlage zur Nichtigkeit des Erfüllungsaktes führt, beinhaltet es ohnehin eine Durchbrechung des Trennungsprinzips.

Die Annahme eines „Einheitsprinzips" würde nichts anderes bedeuten als die Erstreckung der vertraglichen Nichtigkeitsgründe auf den vertragserfüllenden Verwaltungsakt. Eine solche Ausdehnung läßt sich nicht nur auf den angesprochenen Verknüpfungsgedanken, sondern auch auf die Überlegung stützen, daß der Gesetzgeber die Problematik unterschiedlicher Nichtigkeitsregelungen, die sich nur bei der Kombination von Vertrag und Verwaltungsakt zeigt, übersehen hat. Er beschränkte sich im Vertragsrecht bewußt auf unbedingt für nötig gehaltene Vorschriften[34], so daß die Annahme einer Regelungslücke nicht allzu fern erscheint. Es sei zudem auf die Fallgestaltung hingewiesen, in der aufgrund nichtigen Vertrages ein den privaten Vertragspartner belastender Verwaltungsakt erlassen wird. Die Gefahr besteht, daß dieser Verwaltungsakt bestandskräftig wird[35], ehe der Bürger von der

---

[33] In diese Richtung äußert sich auch ansatzweise Bonk, in: Stelkens / Bonk / Leonhardt, § 58, Rdnr. 14.
[34] BT-Drucks. 7/910, S. 77.
[35] Zur Frage der Rechtsbehelfsbelehrung, die für den Lauf der Widerrufsfrist relevant ist, vgl. III 4 b.

3. Folgen der Nichtigkeit des Verpflichtungsvertrages für den VA 111

Nichtigkeit des Vertrages erfährt. Als besonders plastisches Beispiel mag der Fall dienen, in dem die vertragliche Regelung zum „Bestandteil" des vertragserfüllenden Verwaltungsaktes erklärt wird.[36] Lehnt man insofern nicht schon den Verwaltungscharakter ab, so erscheint es hier besonders nötig, die Wirksamkeit des Verwaltungsaktes von der des Vertrages abhängig zu machen.

Angesichts der im Gesetz durchgeführten strengen Trennung von Verwaltungsakts- und Vertragsrecht verbleiben trotzdem Bedenken, einer entsprechenden Anwendung vertraglicher Nichtigkeitsgründe beizupflichten. Gegen die Annahme einer gesetzlichen Regelungslücke spricht auch, daß vor Inkrafttreten des Verwaltungsverfahrensgesetzes der rechtswidrige öffentlich-rechtliche Vertrag ständiger Rechtsprechung nach nichtig war[37] und insofern der vertragslose Verwaltungsakt kein so unbekanntes Phänomen gewesen sein kann. Fraglich bleibt zudem, ob auf diesem Wege nicht die bezweckte, aber fehlgeschlagene Vertragserfüllung zu sehr betont wird und der gleichzeitig angestrebte Normvollzug unberücksichtigt bleibt. Sofern das Gesetz in den § 54 ff. VwVfG dem Vertrag Wirksamkeit zuerkennt, mag dieses Vorgehen zwingend sein, um der Bindungswirkung des Vertrages Genüge zu tun. Bei Nichtigkeit der vertraglichen Verpflichtung könnte man aber allein die Funktion des Normvollzugs in den Vordergrund treten und den verfehlten Vertragsvollzug unberücksichtigt lassen. Dafür läßt sich die folgende Fallgestaltung anführen: Folgt die Nichtigkeit eines Verpflichtungsvertrages gerade aus der unzulässigen Koppelung behördlicher Leistung mit der Gegenleistung des Bürgers, so erscheint es nicht zulässig, der Genehmigung, auf die der Bürger einen gesetzlichen Anspruch hatte, bloß deswegen Wirkung zu versagen, weil Zweck ihrer konkreten Erteilung die Vertragserfüllung war.[38] Zwar läßt sich einwenden, daß der Bürger diesen gesetzlichen Anspruch ja noch hat, ihn noch erheben kann. Alleine der Zwang, den bereits vorher durch Vertragsschluß geltend gemachten Anspruch nochmals geltend und evtl. gerichtlich durchsetzen zu müssen, beinhaltet jedoch eine erhebliche Belastung des Bürgers. Da die Nichtigkeit des Vertrages regelmäßig erst später erkannt wird, besteht zudem die Gefahr, daß sich mittlerweile die Sach- und Rechtslage verändert hat, so daß die Anspruchsvoraussetzungen entfallen sind.

Zudem bleibt bei einer entsprechenden Anwendung vertraglicher Nichtigkeitsgründe auf den vertragserfüllenden Verwaltungsakt pro-

---
[36] Vgl. BVerwG, Buchholz 310, § 40 VwGO, Nr. 91; BVerwG, NJW 1980, 1294.
[37] Vgl. nur BVerwGE 4, 111 ff., 114; 8, 329 ff., 330; 42, 331 ff., 334.
[38] Ähnlich für den Bereich der Teilnichtigkeit *Skouris*, Teilnichtigkeit von Gesetzen, S. 22; *Eyermann / Fröhler*, VwGO, § 42, Rdnr. 14.

blematisch, warum ihn ohne Verstoß gegen Gesetz oder sonstiges Recht Nichtigkeitsfolgen treffen sollen.

bb) Die entsprechende Anwendung des § 44 Abs. 4 VwVfG auf den „vertragslosen" Verwaltungsakt

Den angesprochenen Problemen kann möglicherweise durch eine entsprechende Anwendung des § 44 Abs. 4 VwVfG Rechnung getragen werden.

Die Vorschrift knüpft an die Teilnichtigkeit eines Verwaltungsaktes an. Verpflichtungsvertrag und vertragserfüllender Verwaltungsakt lassen sich aufgrund ihrer engen Verknüpfung als Gesamtakt verstehen. Der nichtige Verpflichtungsvertrag stellt dann einen Teilakt dar. Die Folgen dieser Teilnichtigkeit sind entsprechend § 44 Abs. 4 VwVfG danach zu bestimmen, ob eine vernünftige, rechtlich denkende und sachgemäß entscheidende Behörde den Verwaltungsakt auch ohne vertragliche Verpflichtung erlassen hätte. Das wird man nur bejahen können, wenn der Bürger einen gesetzlichen Anspruch auf Erlaß eines inhaltsgleichen Verwaltungsaktes hat oder sonst eine gesetzliche Verpflichtung besteht. Der Eintritt der Nichtigkeit knüpft damit wieder an die Rechtswidrigkeit des „vertragserfüllenden" Verwaltungsaktes an. Nur der rechtswidrige „vertragserfüllende" Verwaltungsakt ist nichtig. Es wird ebenfalls dem Aspekt Genüge getan, daß der vertragserfüllende Verwaltungsakt auch dem Normvollzug dient.

Die Angemessenheit dieser Lösung läßt sich durch eine weitere Überlegung zeigen. Die Kombination von Verpflichtungsvertrag und Verwaltungsakt ersetzt zu einem Teil die Verbindung einer Erlaubnis mit einer Auflage, indem sich der Bürger schon vertraglich verpflichtet und die Auflage überflüssig wird.[39] Für Austauschverträge dieses Inhalts erscheint die entsprechende Anwendung des § 44 Abs. 4 VwVfG recht naheliegend, wie der Vergleich zu den Fällen der Nichtigkeit der Auflage zeigt.

Die Nichtigkeit einer Auflage stellt allgemeiner Ansicht nach eine gem. § 44 Abs. 4 VwVfG zu beurteilende Teilnichtigkeit des Verwaltungsaktes dar.[40] Dies ist selbstverständlich, sofern man zutreffenderweise die Auflage nicht als selbständigen Verwaltungsakt, sondern als Teil eines Verwaltungsaktes sieht[41], wofür insbesondere die Akzessorie-

---

[39] Vgl. oben II 2 b bb (1) (c) (cc) und *Redeker*, DÖV 1966, 543 ff., 545; *Maurer*, Verwaltungsrecht, § 14, Rdnr. 20.

[40] *Stelkens*, in: Stelkens / Bonk / Leonhardt, § 44, Rdnr. 37; *Ule*, in: Ule / Laubinger, § 50 VI, 57 V; *Schenke*, JuS 1983, 182 ff., 184; *Klappstein*, in: Knack, § 44, Rdnr. 7; *Meyer*, in: Meyer / Borgs, § 44, Rdnr. 26.

[41] *Meyer*, in: Meyer / Borgs, § 36, Rdnr. 1; *Laubinger*, VerwArch 72 (1983),

3. Folgen der Nichtigkeit des Verpflichtungsvertrages für den VA

tät der Auflage und die Einheit von begünstigender Hauptregelung und „verbundener", belastender Auflage sprechen[42].

Tritt aber nun an die Stelle eines auflagebewehrten begünstigenden Verwaltungsaktes die Kombination von Verpflichtungsvertrag und Verwaltungsakt, so kann die Beurteilung der Rechtsfolgen, die aus der Nichtigkeit der den Bürger verpflichtenden Regelung erwachsen, nicht anders ausfallen.[43] Zwar ist das Entstehen der vertraglichen Verpflichtung nicht abhängig von der Ausnutzung des begünstigenden Verwaltungsaktes, Vertrag und Verwaltungsakt sind insofern nicht akzessorisch. Wesentlich ist jedoch, daß die am Vertragsschluß Beteiligten Vertrag und Verwaltungsakt als Einheit betrachten. Der Bürger ging die Verpflichtung nur ein, weil er eine Begünstigung erhalten sollte. Die Behörde erließ nur aufgrund dieser Verpflichtung des Bürgers einen Verwaltungsakt, ohne eine Auflage beizufügen.

Hiergegen läßt sich auch nicht einwenden, die Behörde könne ja nach Erkenntnis der Vertragsnichtigkeit dem Verwaltungsakt eine Auflage beifügen. Die nachträgliche Auflage wäre nämlich im Regelfalle selbst wiederum rechtswidrig. Sie würde an den gleichen Mängeln leiden wie der Vertrag. Dessen Nichtigkeit knüpft in den §§ 58, 59 VwVfG ebenfalls an Rechtswidrigkeitstatbestände an. Nur soweit der Vertrag wegen Formmangels nichtig war, würde dies nicht gelten.

Der infolge der Vorschaltung des Verpflichtungsvertrages eingetretenen Verknüpfung von Leistung und Gegenleistung wird durch die entsprechende Anwendung des § 44 Abs. 4 VwVfG angemessen Rechnung getragen. Bei Nichtigkeit des Verpflichtungsvertrages steht dem Bürger ohne Einschränkung ein Anspruch auf Rückerstattung seiner erbrachten Leistung zu. Die Nichtigkeitsfolge erfaßt die von ihm erbrachte Leistung, beispielsweise eine Geldzahlung, nicht. Diese stellt ein privatrechtliches Erfüllungsgeschäft dar, das in aller Regel dem privatrechtlichen Abstraktionsprinzip unterliegt. Die Leistung der Behörde, der Verwaltungsakt, ist dagegen nichtig, falls kein gesetzlicher Rechtsgrund die Aufrechterhaltung des Verwaltungsaktes verlangt.

Wurde aufgrund eines Vergleichsvertrages gem. § 55 VwVfG ein Verwaltungsakt erlassen, beispielsweise ein Dispens erteilt, so könnte man

---

345 ff., 358 ff.; *Schenke*, JuS 1983, 182 ff., 183; *Lange*, AöR 102 (1977), 337 ff., 361; *H. J. Schneider*, S. 32 ff.; *Mößle*, BayVBl 1982, 232.

[42] Vgl. beispielsweise *Laubinger*, VerwArch 72 (1983), 345 ff., 358 ff. und *H. J. Schneider*, S. 32 ff.

[43] Daß die Fälle der Nichtigkeit einer Auflage seltener sind als die Nichtigkeit eines Verpflichtungsvertrages, beeinträchtigt nicht die Eignung dieses Vergleichs. Relevant sind allein die Folgen ihrer Nichtigkeit für den (Rest-)Verwaltungsakt.

Bedenken haben, ob die entsprechende Anwendung des § 44 Abs. 4 VwVfG auch hier zu einer angemessenen Lösung führt.

§ 55 VwVfG setzt voraus, daß „bei verständiger Würdigung des Sachverhaltes oder der Rechtslage" eine Ungewißheit besteht und daß „die Behörde den Abschluß des Vergleiches zur Beseitigung der Ungewißheit nach pflichtgemäßem Ermessen für zweckmäßig hält". Damit wird ebenfalls wie bei § 44 Abs. 4 VwVfG vornehmlich auf objektive Kriterien abgestellt. Man könnte nun zu dem Schluß gelangen, da bei Nichtigkeit des Verpflichtungsvertrages diese objektiven Kriterien regelmäßig nicht erfüllt gewesen seien, was die Nichtigkeit des Vertrages gem. § 59 Abs. 2 Nr. 3 VwVfG bewirkt habe, spreche einiges dafür, daß die sachgemäß handelnde Behörde den Verwaltungsakt ohne die vertragliche Verpflichtung erlassen habe. Der konkrete Inhalt des Verwaltungsaktes wird aber stets durch den Vertrag bestimmt. Beruht dieser auf unsachgemäßer Entscheidung, wird regelmäßig Gleiches für den Verwaltungsakt gelten. § 59 Abs. 2 Nr. 3 VwVfG verlangt für die Nichtigkeit zudem, daß ein Verwaltungsakt gleichen Inhalts nichtig wäre. Dieses Erfordernis gilt nicht nur für den verwaltungsaktsersetzenden sogen. Verfügungsvertrag, sondern auch für den Verpflichtungsvertrag. Mit *Meyer*[44] ist in diesem Falle darauf abzustellen, ob der zu erlassende Verwaltungsakt bei Fehlen eines wirksamen Vertrages rechtswidrig wäre. Daraus folgt, daß bei Nichtigkeit eines Vergleichsvertrages stets auch der zur Erfüllung dieses Vertrages erlassene Verwaltungsakt rechtswidrig ist. Es ist davon auszugehen, daß die sachgemäß entscheidende Behörde einen solchen Verwaltungsakt nicht erlassen würde. Das hat entsprechend § 44 Abs. 4 VwVfG die Nichtigkeit des Verwaltungsaktes zur Folge, der den nichtigen Vergleichsvertrag erfüllen soll.

Mit Nichtigkeit des den nichtigen Vergleichsvertrag erfüllenden Verwaltungsakts entfällt auch die vom Bürger ohne Rechtsgrund erbrachte Leistung, die regelmäßig im Verzicht auf Widerspruch und Klage bestand.

Zur Stütze einer entsprechenden Anwendung des § 44 Abs. 4 VwVfG auf die Kombination von Verpflichtungsvertrag und vertragserfüllendem Verwaltungsakt läßt sich im übrigen auch ein Vergleich zu § 139 BGB ziehen. Im Zivilrecht wird zur Bestimmung eines einheitlichen Rechtsgeschäfts i. S. d. § 139 BGB auf den Parteiwillen zurückgegriffen.[45] Entscheidend ist, ob danach die einzelnen Geschäfte miteinander

---

[44] *Meyer*, in: Meyer / Borgs, § 59, Rdnr. 32.
[45] Vgl. beispielsweise *Dilcher*, in: Staudinger, BGB, § 139, Rdnr. 19; *Mayer-Maly*, in: Münchner Kommentar, § 139, Rdnr. 13; *Jauernig*, BGB, § 139, Anm. 2 a; *Heinrichs*, in: Palandt, BGB, § 139, Anm. 3 a; vgl. auch *Laubinger*, VerwArch 72 (1983), 345 ff., 359 für die Verbindung von Verwaltungsakt und Auflage als einheitliches Rechtsgeschäft.

3. Folgen der Nichtigkeit des Verpflichtungsvertrages für den VA

„stehen oder fallen" sollen. Auch mehrere Rechtsgeschäfte unterschiedlicher Art können deshalb ein zusammengesetztes Geschäft bilden.[46]

Streit besteht allerdings im Zivilrecht über die Frage, ob auch Verpflichtungs- und Erfüllungsgeschäft ein einheitliches Geschäft i. S. d. § 139 BGB sein können.[47] Dagegen wird vornehmlich angeführt, das den Rechtsverkehr schützende, nicht disponible Abstraktionsprinzip habe Vorrang und ihm komme eine Sperrwirkung gegenüber der Einheit von kausalem Verpflichtungs- und abstraktem Erfüllungsgeschäft zu, während die Gegenansicht betont, daß der Parteiwille auch diese Sperre gegebenenfalls überwinden könne.

Diese Überlegungen lassen sich auf die Kombination von Verpflichtungsvertrag und vertragserfüllendem Verwaltungsakt schon insofern nicht übertragen, als das Verhältnis beider Handlungsformen nicht durch ein Abstraktionsprinzip bestimmt wird.

Man könnte allerdings daran denken, aus der gesetzlichen Trennung von Vertrags- und Verwaltungsaktsrecht eine vergleichbare Sperre herzuleiten. Sieht man aber in § 44 Abs. 4 VwVfG die grundsätzliche Entscheidung des Gesetzgebers, daß unter den dort festgelegten Voraussetzungen ein als einheitlich bezwecktes Verwaltungshandeln einem einheitlichen Schicksal unterfallen und der Verwaltung eine ihr unzumutbare Bindung an eine Teilregelung erspart werden soll, so wird man in diesem eng begrenzten Falle die mittelbare Ausdehnung der Vertragsnichtigkeit auf den Verwaltungsakt zulassen können.

Die vertraglichen Nichtigkeitsgründe sind demnach mittelbar über eine entsprechende Anwendung des § 44 Abs. 4 auf den „vertragserfüllenden" Verwaltungsakt anzuwenden.

d) Zwischenergebnis

Die Nichtigkeit des Verpflichtungsvertrages ergreift den vertragserfüllenden Verwaltungsakt analog § 44 Abs. 4 VwVfG, sofern die Be-

---

[46] *Dilcher*, in: Staudinger, BGB, § 139, Rdnr. 14; *Heinrichs*, in: Palandt, BGB, § 139, Anm. 3 a; *Jauernig*, BGB, § 139, Anm. 2 a. Vgl. auch *Obermayer*, VwVfG, § 59, Rdnr. 129, der den allgemeinen Rechtsgedanken aus § 59 Abs. 3 VwVfG und § 139 BGB auch auf den Fall anwenden will, daß öffentlich-rechtlicher Vertrag und privatrechtlicher Vertrag aufgrund eines inneren Zusammenhangs eine Einheit bilden.

[47] Dafür beispielsweise BGH, NJW 1967, 1128, 1130; NJW 1979, 1495, 1496; OLG Frankfurt, NJW 1981, 876, 877; *Heinrichs*, in: Palandt, BGB, § 139, Anm. 3 b aa. Dagegen z. B. *Dilcher*, in: Staudinger, BGB, § 139, Rdnr. 19; *Mayer-Maly*, in: Münchner Kommentar, § 139, Rdnr. 13; *Jauernig*, BGB, § 139, Anm. 2 a.

hörde nicht einen gleichlautenden Verwaltungsakt auch ohne die vertragliche Verpflichtung hätte erlassen müssen.

4. Die Anwendung der verwaltungsaktsspezifischen Verfahrens- und Formvorschriften auf den vertragserfüllenden Verwaltungsakt

Es bleibt zuletzt nachzuforschen, ob und inwieweit die Verfahrens- und Formvorschriften des Verwaltungsverfahrensgesetzes, die auf den „normalen" Verwaltungsakt zugeschnitten sind, auch auf den vertragserfüllenden Verwaltungsakt Anwendung finden. Die Frage stellt sich vornehmlich für die Anhörung nach § 28 VwVfG, die Rechtsmittelbelehrung nach § 59 VwGO und die Begründungspflicht nach § 39 VwVfG.[1]

a) Die Anhörung gem. § 28 VwVfG

Die Anwendung des § 28 VwVfG auf vertragserfüllende Verwaltungsakte wird regelmäßig aus zwei Gründen nicht in Betracht kommen:

Die Anhörung erfolgt zunächst nur vor Erlaß belastender Verwaltungsakte. Zwar kann auch der vertragserfüllende Verwaltungsakt isoliert betrachtet belastender Natur sein. Soweit er aber einen vertraglichen Anspruch erfüllt, ist er insofern begünstigend. Die Belastung des Bürgers liegt schon im Vertragsschluß, da hier bereits seine Duldungspflicht festgelegt wird sowie gegebenenfalls eine Gegenleistungspflicht. Dies spricht dafür, den vertragserfüllenden Verwaltungsakt nicht als belastenden Verwaltungsakt i. S. v. § 28 VwVfG einzuordnen.

Von einer Anhörung kann des weiteren gem. § 28 Abs. 2 VwVfG abgesehen werden, wenn sie nach den Umständen des Einzelfalles nicht geboten ist. Dies ist beim vertragserfüllenden Verwaltungsakt regelmäßig der Fall. Sowohl aufgrund der dem Vertrag vorhergehenden Verhandlungen, wie auch aufgrund der Bindung an den Vertrag, kann die Anhörung entweder keine neuen zu berücksichtigenden Tatsachen erbringen oder jedenfalls brauchen diese nicht mehr berücksichtigt werden.

Die Verzichtbarkeit der Anhörung folgt auch aus ihrem Sinn und Zweck. Sie soll die Behörde informieren, bevor ein Verwaltungsakt ergeht, und zugleich helfen, den Bürger vor überflüssiger Belastung zu

---

[1] Zu den Vorschriften über das Vorverfahren gem. §§ 68 ff. VwGO vgl. oben III 2 c.

schützen. Beide Ziele sind aber durch die vertragliche Mitbestimmung des Bürgers bereits erfüllt.[2]

b) Die Rechtsbehelfsbelehrung nach § 59 VwGO

Auch gegen die Notwendigkeit einer Rechtsbehelfsbelehrung nach § 59 VwGO beim vertragserfüllenden Verwaltungsakt spricht einiges.

Der Gesetzeswortlaut begründet die Belehrungspflicht für sämtliche Verwaltungsakte einer Bundesbehörde, „die der Anfechtung unterliegen". Damit scheiden zunächst die begünstigenden Verwaltungsakte aus.[3] Folgt man der zuvor geäußerten Ansicht, daß der vertragserfüllende Verwaltungsakt stets begünstigender Natur ist, so entfällt damit auch die Belehrungspflicht. Unberücksichtigt bleibt dabei aber der Fall, daß der Vertrag nichtig ist und der „vertragserfüllende" Verwaltungsakt wirksam bleibt. Nach der oben[4] vertretenen Meinung ist dieser Verwaltungsakt dann jedenfalls rechtmäßig und kann nicht erfolgreich angefochten werden. § 59 VwGO stellt allerdings nur auf die Anfechtbarkeit ab, läßt also die Erfolgsmöglichkeit außer Betracht. Kann aber die Anfechtung eines vertragserfüllenden Verwaltungsaktes keinen Erfolg haben, so ist die Rechtsmittelbelehrung unnütze Formelei. Es kann auf sie verzichtet werden.[5]

c) Die Begründungspflicht gem. § 39 VwVfG

§ 39 Abs. 1 VwVfG stellt für schriftliche oder schriftlich bestätigte Verwaltungsakte eine grundsätzliche Begründungspflicht auf. § 39 Abs. 2 VwVfG beinhaltet Ausnahmen dazu.

Auf den vertragserfüllenden Verwaltungsakt läßt sich zunächst § 39 Abs. 2 Nr. 1 VwVfG anwenden. Der vorausgegangene Vertrag steht einem Antrag des Bürgers auf Erlaß des Verwaltungsaktes gleich und beinhaltet zudem eine Erklärung des Vertragspartners. Sollte der Verwaltungsakt drittbelastender Natur sein, so war bereits beim Vertragsschluß auch eine Erklärung des Dritten nötig. Bei Nichtigkeit des Vertrages teilt der Verwaltungsakt entweder die Nichtigkeit oder er ist nach der hier vertretenen Lösung rechtmäßig und enthält damit zumindest keine rechtswidrige Drittbelastung.

---
[2] Ebenso bereits *Bullinger*, Gedächtnisschrift Hans Peters, S. 667 ff., 671.
[3] Vgl. *Eyermann / Fröhler*, VwGO, § 59, Rdnr. 7.
[4] Vgl. oben III 3.
[5] Ebenso bereits *Bullinger*, Gedächtnisschrift Hans Peters, S. 667 ff., 671.

Auch § 39 Abs. 2 Nr. 2 VwVfG wird regelmäßig zur Anwendung kommen. Danach kann die Begründung des Verwaltungsaktes entfallen, „wenn die Auffassung der Behörde über die Sach- und Rechtslage bereits bekannt ist oder auch ohne schriftliche Begründung für ihn ohne weiteres erkennbar ist". Aufgrund der vorausgegangenen Vertragsverhandlungen wird dies beim vertragserfüllenden Verwaltungsakt meist der Fall sein. Sollte allerdings die vertragliche Verpflichtung relativ unbestimmt geblieben sein, wird diese Vorschrift wohl nicht greifen. Dann entfällt jedoch die Begründungspflicht nach § 39 Abs. 2 Nr. 1 VwVfG.

IV. Zusammenfassung und Schlußüberlegungen

Die Untersuchung hat gezeigt, daß der Gesetzgeber der Kombination von öffentlich-rechtlichem Vertrag und vertragserfüllendem Verwaltungsakt nicht die nötige Beachtung geschenkt hat. Das Verwaltungsverfahrensgesetz enthält keine spezifischen Vorschriften, die auf die Verknüpfung der beiden Handlungsformen zugeschnitten sind. Verwaltungsakt und öffentlich-rechtlicher Vertrag sind im Verwaltungsverfahrensgesetz lediglich als alternative Normvollzugsakte geregelt. Ein möglicherweise gleichzeitig vorliegendes Vollzugsverhältnis zu einem Verpflichtungsakt bleibt unberücksichtigt. Aufgrund der insofern mangelnden Abstimmung des Vertrags- und Verwaltungsaktsrechts entstehen erhebliche Probleme, die sich am deutlichsten zeigen, wenn vertragliche Regelung und Verwaltungsaktsregelung voneinander abweichen.

Diese Probleme lassen sich nicht durch Rückgriff auf die Grundsätze des zivilrechtlichen Trennungs- und Abstraktionsprinzips lösen. Die zivilrechtliche Trennung und Abstraktion von Verpflichtungs- und Erfüllungsgeschäft beruht auf gesetzlicher Anordnung und dient der Sicherheit des privaten Rechtsverkehrs. Der Grund für die Verknüpfung von öffentlich-rechtlichem Verpflichtungsvertrag und vertragserfüllendem Verwaltungsakt liegt dagegen vornehmlich in der Möglichkeit, eine Verwaltungsentscheidung sachlich und zeitlich zu stufen. Sofern der Verwaltungsakt zum Vollzug der vertraglichen Verpflichtung ergeht, bedarf es gewisser Modifikationen der allgemeinen Regeln des Verwaltungsaktsrechts. Für den vertragserfüllenden Verwaltungsakt gelten Besonderheiten. Er tritt in ein Abhängigkeitsverhältnis zum öffentlich-rechtlichen Verpflichtungsvertrag und unterscheidet sich vom „normalen" Verwaltungsakt. Bei Wirksamkeit des Verpflichtungsvertrages ist von einer Rechtsgrundabhängigkeit des Verwaltungsaktes auszugehen. Soweit der Vertrag keine entsprechenden ausdrücklichen Bestimmungen trifft, schließt er die Aufhebung des vertragserfüllenden Verwaltungsaktes aus. Die Nichtigkeit des Verpflichtungsvertrages ergreift den vertragserfüllenden Verwaltungsakt analog § 44 Abs. 4 VwVfG, sofern die Behörde nicht einen gleichlautenden Verwaltungsakt ohne die vertragliche Verpflichtung hätte erlassen müssen. Abweichungen von der vertraglichen Verpflichtung haben gem. § 44 Abs. 1 VwVfG die Nichtigkeit des vertragserfüllenden Verwaltungsaktes zur

IV. Zusammenfassung und Schlußüberlegungen

Folge. Anhörung (§ 28 VwVfG), Begründung (§ 39 VwVfG) und Rechtsmittelbelehrung (§ 59 VwGO) sind regelmäßig nicht erforderlich.

Diese erforderlichen Modifikationen des Verwaltungsaktsrechts geben Anlaß, abschließend mit *Bullinger*[1] der Frage nachzugehen, ob nicht möglicherweise „die vertraglich vereinbarte Entscheidung der Behörde ihre Rechtsnatur verliert und zur Vertragserklärung wird".

Der Vertrag, in dem sich der Hoheitsträger zur Herbeiführung einer bestimmten Regelung verpflichtet, soll jedenfalls durch einseitige Erklärung des Hoheitsträgers erfüllt werden. Eine Mitwirkung des Bürgers ist nicht mehr erforderlich. Die strittigen Punkte wurden bereits im Verpflichtungsvertrag geregelt. Sie waren gerade Anlaß zum Abschluß des Vertrages.

Mit der Annahme, bei dem regelnden Erfüllungsakt handele es sich um eine Vertragserklärung, ist jedoch wenig gewonnen. Zwar läßt sich damit die Unanwendbarkeit des Verwaltungsaktsrechts begründen. Ungeklärt bleibt aber, welche Regeln auf eine solche vertragliche Willenserklärung Anwendung finden. Das Verwaltungsverfahrensgesetz enthält nur lückenhafte Bestimmungen über vertragliche Willenserklärungen, indem es Voraussetzungen und Formerfordernisse der Kündigung und Anpassung des Vertrages (§ 60 VwVfG) sowie der Unterwerfung unter die sofortige Vollstreckung (§ 61 VwVfG) regelt. Zur Ergänzung verweist das Gesetz in § 62 VwVfG primär auf die übrigen Vorschriften des Verwaltungsverfahrensgesetzes und daneben auf die Bestimmungen des BGB.

Fraglich ist, ob diese Verweisung genügt, Rechtsnatur und insbesondere Wirkungsweise einer Vertragserklärung im obigen Sinne zu bestimmen.

Die Vertragserklärung läßt sich aufgrund der Verweisung nur als öffentlich-rechtliche rechtsgeschäftliche Willenserklärung verstehen.[2] Für diese ist auch heute noch die in Anlehnung an das Zivilrecht entstandene Definition in Art. 20 EWVRO zutreffend, nach der öffentlich-rechtliche Willenserklärungen Handlungen sind, „die auf Herbeiführung eines rechtlichen Erfolges gerichtet und kraft Rechtsvorschrift geeignet sind, ihn herbeizuführen"[3]. Vornehmlich das zweite Element

---

[1] Gedächtnisschrift Hans Peters, S. 667 ff., 678.
[2] Vgl. Motive I S. 126: „Unter Willenserklärung wird die rechtsgeschäftliche Willenserklärung verstanden"; *Larenz*, Allgemeiner Teil, § 18 I, 19 I; *Krause*, VerwArch 61 (1970), 297 ff., 298; *ders.*, Rechtsformen, S. 66.
[3] Vgl. Entwurf einer Verwaltungsrechtsordnung für Württemberg 1931; *Krause*, VerwArch 61 (1970), 297 ff., 298. Im Ergebnis ebenso *Wolff*, in: Wolff / Bachof, § 36 II b 2; *Küchenhoff*, Laforet-Festschrift, S. 317 ff., 321; *Middel*, Öffentlich-rechtliche Willenserklärungen von Privatpersonen, S. 22; *Hoffmann-Becking*, DÖV 1972, 196 ff., 197; *Wallerath*, § 7 III 1 c. Für das

IV. Zusammenfassung und Schlußüberlegungen

der Definition, die auf Rechtsvorschrift beruhende Eignung, eine Rechtsfolge herbeizuführen, verdient Beachtung.[4]

Aus einer entsprechenden Anwendung des Zivilrechts lassen sich die Rechtsfolgen nicht herleiten, die mit einer den öffentlich-rechtlichen Verpflichtungsvertrag erfüllenden Entscheidung der Behörde herbeigeführt werden sollen. Das Zivilrecht kennt keine einseitigen vertragserfüllenden Rechtsgeschäfte. Bei den Vorschriften über einseitige Rechtsgeschäfte, die auch im öffentlichen Recht entsprechend angewendet werden können, handelt es sich lediglich um solche über die Ausübung und Wirkung von Gestaltungsrechten, wie z. B. über Anfechtung und Aufrechnung.[5]

Die Rechtsnormen, aus denen sich die Eigenschaft einer Vertragserklärung ergibt, Rechtsfolgen zu begründen, lassen sich nur im öffentlichen Recht finden. Ausdrückliche Bestimmungen fehlen aber. Ob der Weg gangbar ist, in Analogie zu den Vorschriften des Vertrags- und Verwaltungsaktsrechts den besonderen Typus einer vertragserfüllenden Vertragserklärung zu entwickeln, bleibt fraglich. Dies würde allenfalls zu einer Verlagerung der Probleme führen. Der möglicherweise erleichterten Abstimmung von Verpflichtungs- und Erfüllungsgeschäft steht ein Mangel bindender gesetzlicher Ordnungspunkte gegenüber.

Des weiteren steht das Verwaltungsverfahrensgesetz selbst der Annahme entgegen, die öffentlich-rechtliche Willenserklärung könne als eigenständiges, wenn auch vertragserfüllendes Regelungsinstrument der Verwaltung Anwendung finden. Das Gesetz erkennt neben der herkömmlichen Handlungsform Verwaltungsakt nur den öffentlich-rechtlichen Vertrag als alternatives Regelungsinstrument an. Nur die vertragliche Einigung zwischen dem öffentlichen und dem privaten Vertragspartner durch Abgabe zweier übereinstimmender Willenserklärungen kann die gleichen Rechtsfolgen auslösen wie der Verwaltungsakt. Eine einfache Willenserklärung der Verwaltung scheidet daneben de lege lata als weitere Möglichkeit aus, Rechtsfolgen herbeizuführen, die z. B. bei einer Genehmigung in der Aufhebung des gesetzlichen präventiven Verbotes liegen kann.

Zivilrecht vgl. Motive I, 126; *Larenz*, Allgemeiner Teil, §§ 18 I, 19 I; *Flume*, Allgemeiner Teil des Bürgerlichen Rechts II, § 1, 1 - 3; *Medicus*, Allgemeiner Teil des BGB, Rdnr. 175.
[4] Vgl. *Kelsen*, AöR 31 (1913), 190 ff., 217 f.
[5] §§ 119, 123, 142, 143, 387 ff. BGB. Zur öffentlich-rechtlichen Aufrechnung vgl. beispielsweise *Ebsen*, DÖV 1982, 389 ff.; *Neupert*, JuS 1978, 825 ff.; *Weidemann*, DVBl 1981, 113 ff.

Es ist deshalb daran festzuhalten, daß die einseitige vertragserfüllende Entscheidung der Behörde ein Verwaltungsakt ist, für den die in dieser Arbeit aufgezeigten Besonderheiten gelten. Angeknüpft werden kann an § 62 Satz 1 VwVfG. Danach gelten die Vorschriften des Verwaltungsaktsrechts ergänzend, „soweit sich aus den §§ 54 - 61" — der Rechtsnatur und Wirkungsweise des öffentlich-rechtlichen Verpflichtungsvertrages — „nichts Abweichendes ergibt".

Literaturverzeichnis

Achterberg, Norbert: Der Verwaltungsvorakt, DÖV 1971, 379 ff.
— Allgemeines Verwaltungsrecht, 1982.

Apelt, Willibalt: Der verwaltungsrechtliche Vertrag, 1920.

Appel, Rudolf: Probleme der behördlichen Aufrechnung und vorläufiger Rechtsschutz, BayVBl 1983, 201 ff.

Baring, Martin: Zur Problematik eines Verwaltungsverfahrensgesetzes, DVBl 1965, 180 ff.

Battis, Ulrich: Bundesbeamtengesetz, 1980.

Bauer, Horst: Gerichtsschutz als Verfassungsgarantie des Art. 19 Abs. 4 GG, 1973.

Baumanns, Axel: Die Zwangsvollstreckung aus öffentlich-rechtlichen Verträgen. — Zugleich ein Beitrag zur Frage der Wirksamkeit rechtswidriger Verträge, Diss. Münster 1978.

Baumbach, Adolf / *Lauterbach*, Wolfgang / *Albers*, Jan / *Hartmann*, Peter: Zivilprozeßordnung, 40. Aufl., 1982.

Beinhardt, Gerd: Der öffentlich-rechtliche Vertrag im deutschen und französischen Recht, VerwArch 55 (1964), 151 ff., 210 ff.

Bisek, Nikolaus Zeno: Der öffentlich-rechtliche Vertrag nach dem Musterentwurf eines Verwaltungsverfahrensgesetzes in der Fassung von 1963, in der „Münchener Fassung" von 1966 und dem Schleswig-Holsteinischen Landesverwaltungsgesetz, Diss. München 1970.

Bierling, Ernst Rudolf: Juristische Prinzipienlehre, 3. Bd. Störung und Bewährung, 1905.

Bleckmann, Albert: Subordinationsrechtlicher Verwaltungsvertrag und Gesetzmäßigkeit der Verwaltung, VerwArch 63 (1972), 404 ff.
— Allgemeine Grundrechtslehren, 1979.
— Subventionsrecht, 1978.

Bötticher, Eduard: Kritische Beiträge zur Lehre von der materiellen Rechtskraft im Zivilprozeß, Berlin 1930.

Bonner Kommentar: Kommentar zum Bonner Grundgesetz, Loseblattausgabe, Stand: Dezember 1982.

Bosse, Wolfgang: Der subordinationsrechtliche Verwaltungsvertrag als Handlungsform öffentlicher Verwaltung, 1974.

Braun, Wilfried: Wandel in den Handlungsformen der Leistungsverwaltung — Hat der öffentlich-rechtliche Vertrag eine Zukunftsperspektive? — BayVBl 1983, 225 ff.

Breuer, Rüdiger: Die Bindungswirkung von Bescheiden — insbesondere Zwischenbescheiden, in: 6. Atomrechts-Symposium 1980, 243 ff.
— Die Bedeutung der Entsorgungsvorsorgeklausel in atomrechtlichen Teilgenehmigungen, VerwArch 72 (1981), 261 ff.

Buddeberg, Theodor: Rechtssoziologie des öffentlich-rechtlichen Vertrages, AöR 8 (1925), 85 ff.

Büchner, Volker: Die Bestandskraft verwaltungsrechtlicher Verträge, 1979.

Büdenbender, Ulrich / *Mutschler*, Ulrich: Bindungs- und Präklusionswirkung von Teilentscheidungen nach BImSchG und Atomgesetz, 1979.

Bull, Hans Peter: Allgemeines Verwaltungsrecht, 1982.

Bullinger, Martin: Zur Notwendigkeit funktionalen Umdenkens des öffentlichen und privaten Vertragsrechts im leistungsintensiven Gemeinwesen, in: Gedächtnisschrift Hans Peters, 1967, S. 667 ff.
— Leistungsstörungen beim öffentlich-rechtlichen Vertrag, DÖV 1977, 812 ff.

v. Campenhausen, Axel: Die Koppelung von Verwaltungsakten mit Gegenleistungen im Vertragswege im Bau- und Bauordnungsrecht, DÖV 1967, 662 ff.

Cöster, Enno H.: Kassation, Teilkassation und Reformation von Verwaltungsakten durch die Verwaltungs- und Finanzgerichte, 1979.

Czermak, Fritz: Anmerkung zum Beschluß des Bay.LSG, DVBl 1967, 829 f., DVBl 1967, 830 f.

Degenhart, Christoph: Vertragliche Bindungen der Gemeinden im Verfahren der Bauleitplanung, BayVBl 1979, 289 ff.

Ebsen, Ingwer: Öffentlich-rechtliche Aufrechnung und Forderungsdurchsetzung durch Verwaltungsakt, DÖV 1982, 389 ff.

Ehlers, Dirk: Die Handlungsformen bei der Vergabe von Wirtschaftssubventionen, VerwArch 74 (1983), 112 ff.
— Verwaltung in Privatrechtsform, 1984.

Elster, Theodor: Begünstigende Verwaltungsakte mit Bedingungen, Einschränkungen und Auflagen, 1979.

Engisch, Karl: Einführung in das juristische Denken, 7. Aufl., 1977.
— Die Einheit der Rechtsordnung, 1935.

Erichsen, Hans-Uwe: Die selbständige Anfechtbarkeit von Nebenbestimmungen, VerwArch 66 (1975), 299 ff.
— Rechtsfragen des verwaltungsrechtlichen Vertrages, VerwArch 68 (1977), 65 ff.

Erichsen, Hans-Uwe / *Martens*, Wolfgang (Hrsg.): Allgemeines Verwaltungsrecht, 6. Aufl., 1983.

Eyermann, Erich / *Fröhler*, Ludwig: Verwaltungsgerichtsordnung, 8. Aufl., 1980.

Fiedler, Wilfried: Zum Wirkungsbereich der clausula rebus sic stantibus, VerwArch 67 (1976), 125 ff.
— Funktion und Bedeutung öffentlich-rechtlicher Zusagen im Verwaltungsrecht, 1977.

Flume, Werner: Allgemeiner Teil des Bürgerlichen Rechts, Bd. 2, Das Rechtsgeschäft, 3. Aufl., 1979.

Forsthoff, Ernst: Lehrbuch des Verwaltungsrechts, 1. Bd., Allgemeiner Teil, 10. Aufl., 1973.

Frank, Götz: Nichtigkeit des substituierenden Verwaltungsvertrags nach dem Verwaltungsverfahrensgesetz (VwVfG), DVBl 1977, 682.

Friehe, Heinz-Josef: Konkurrentenklage gegen einen öffentlich-rechtlichen Subventionsvertrag, DÖV 1980, 673 ff.

Fürst, Walther / *Finger*, Hans Joachim / *Mühl*, Otto / *Niedermaier*, Franz: Beamtenrecht des Bundes und der Länder. Gesamtkommentar Öffentliches Dienstrecht, Bd. I, Loseblattausgabe Stand 1981. (zit.: GKÖD).

Gern, Alfons: Der Vertrag zwischen Privaten über öffentlich-rechtliche Berechtigungen und Verpflichtungen, 1977.

Gitzinger, Hans-Lutwin: Verwaltungsakt auf Unterwerfung, antragsbedingter Verwaltungsakt oder öffentlich-rechtlicher Vertrag, Diss. Saarbrücken 1963.

Götz, Volkmar: Hauptprobleme des verwaltungsrechtlichen Vertrages, JuS 1970, 1 ff.

— Der rechtswidrige verwaltungsrechtliche Vertrag, DÖV 1973, 298 ff.

— Das neue Verwaltungsverfahrensgesetz, NJW 1976, 1435 ff.

— Allgemeines Polizei- und Ordnungsrecht, 7. Aufl., 1982.

Grimmer, Klaus: Ausübung öffentlicher Gewalt im Bereich der Wirtschaft durch Verwaltungsakt oder Vertrag, BB 1973, 1589 ff.

Grundei, A.: Buchbesprechung von Ule / Laubinger, Verwaltungsverfahrensrecht, JZ 1977, 482.

Grupp, Klaus: Das Angebot des anderen Mittels, VerwArch 69 (1978), 125 ff.

Gusy, Christoph: Öffentlich-rechtliche Verträge zwischen Staat und Bürger, DVBl 1983, 1222.

Hailbronner, Kay: Die Zusage auf Einhaltung des objektiven Rechts, DVBl 1979, 767 ff.

Haueisen, Fritz: Anmerkung zu BVerwG, DVBl 1963, 812 f., DVBl 1963, 813 ff.

— Unterschiede in den Bindungswirkungen von Verwaltungsakt, öffentlich-rechtlichem Vertrag, gerichtlichem Vergleich und Urteil, NJW 1963, 1329 ff.

— Zur Zulässigkeit, Wirksamkeit und Nichtigkeit des öffentlich-rechtlichen Vertrages, NJW 1969, 122 ff.

Heberlein, Ingo: Wider den öffentlich-rechtlichen Vertrag? DVBl 1982, 763 ff.

Hengstschläger, Johannes: Materielle Rechtskraft bzw. Bestandskraft im deutschen und im österreichischen Verwaltungsverfahren, Die Verwaltung 1979, 337 ff.

Henke, Wilhelm: Das Recht der Wirtschaftssubventionen als öffentliches Vertragsrecht, 1979.

Hensel, Albert: Die Rangordnung der Rechtsquelle insbes. das Verhältnis von Reichs- und Landesgesetzgebung, in: Handbuch des Deutschen Staatsrechts, Bd. III, hrsg. von Gerhard Anschütz und Richard Thoma, Tübingen 1932, S. 313 ff. (zit.: HdbDStR II).

Henseler, Paul: Kompetenzkonflikte paralleler Gestattungsverfahren am Beispiel der Genehmigung von Atomanlagen, DVBl 1982, 390.

Hoffmann-Becking, Michael: Der feststellende Verwaltungsakt, DÖV 1972, 196 ff.

Hubrecht, Georges E.: Das französische Zivilrecht, 1974.

Hübschmann / Hepp / Spitaler: Kommentar zur Abgabenordnung und Finanzgerichtsordnung, 8. Aufl., Loseblattausgabe, Stand April 1983.

Jauernig, Othmar (Hrsg.): Bürgerliches Gesetzbuch, 2. Aufl., 1981.

Jellinek, Walter: Verwaltungsrecht, 3. Aufl., 1931.

Jesch, Dietrich: Die Bindung des Zivilrichters an Verwaltungsakte, 1956.

Jutzi, Siegfried: Landesverfassungsrecht und Bundesrecht, 1982.

Kelsen, Hans: Zur Lehre vom öffentlichen Rechtsgeschäft, AöR 31 (1913), 53 ff., 190 ff.

Klein, Eckhart: Die Kompetenz- und Rechtskompensation, DVBl 1981, 661 ff.

Klückmann, Harald: Zum öffentlich-rechtlichen Vertrag des Verwaltungsverfahrensgesetzes, SKV 1977, 98 ff.

Knack, Hans Joachim (Hrsg.): Verwaltungsverfahrensgesetz, 2. Aufl., 1982.

Kottke, Joachim: System des subordinationsrechtlichen Verwaltungsvertrages, Diss. Hamburg 1966.

Konrad, Horst: Der öffentlich-rechtliche Vertrag — Institution oder Trugbild, Diss. Würzburg 1975.

Kopp, Ferdinand: Die Entscheidung über die Vergabe öffentlicher Aufträge und über den Abschluß öffentlich-rechtlicher Verträge als Verwaltungsakte, BayVBl 1980, 609 ff.

— Verwaltungsverfahrensgesetz, 3. Aufl., 1984.

Krause, Peter: Rechtsformen des Verwaltungshandelns, 1974.

— Die Willenserklärungen des Bürgers im Bereich des öffentlichen Rechts, VerwArch 61 (1970), 297 ff.

Krebs, Walter: Zulässigkeit und Wirksamkeit vertraglicher Bindungen kommunaler Bauleitplanung, VerwArch 72 (1981), 49 ff.

Küchenhoff, Günther: Die öffentlich-rechtliche Willenserklärung der Privatperson, in: Verfassung und Verwaltung in Theorie und Wirklichkeit, Festschrift für Wilhelm Laforet, 1952.

Laband, Paul: Staatsrecht des Deutschen Reiches, Bd. 1, 5. Aufl., 1911.

Lange, Klaus: Die isolierte Anfechtbarkeit von Auflagen unter besonderer Berücksichtigung der Rechtsprechung des Bundesverwaltungsgerichts zur „modifizierten Auflage", AöR 102 (1977), 337 ff.

Larenz, Karl: Allgemeiner Teil des Bürgerlichen Rechts, 6. Aufl., 1983.

— Lehrbuch des Schuldrechts, Bd. 1, Allgemeiner Teil, 12. Aufl., 1979.
— Methodenlehre der Rechtswissenschaft, 4. Aufl., 1979.

Laubinger, Hans-Werner: Der Verwaltungsakt mit Doppelwirkung, 1967.
— Der EVwVerfG 1973 — Inhaltsüberblick und Kritik, JA 1976, 339 ff.
— Die Anfechtbarkeit von Nebenbestimmungen, VerwArch 74 (1983), 345 ff.

Layer, Max: Zur Lehre vom öffentlich-rechtlichen Vertrag, 1916.

Lerche, Peter: Die verwaltungsgerichtliche Klage aus öffentlich-rechtlichen Verträgen, in: Staatsbürger und Staatsgewalt, Festschrift zum 100jährigen Bestehen des Deutschen Juristentages, Bd. II, 1963, S. 59 ff.

Löwer, Kurt: Der verwaltungsrechtliche Prozeßvergleich als materielles Rechtsgeschäft, VerwArch 56 (1965), 142 ff., 236 ff.

Löwer, Wolfgang: Funktion und Begriff des Verwaltungsaktes, JuS 1980, 105 ff.

Mädrich, Matthias: Rechtskraftproblem bei Klagen aus dem Eigentum, MDR 1982, 455 f.

Maiwald, Joachim: Die verwaltungsbehördliche Zusicherung im Verwaltungsverfahrensgesetz, BayVBl 1977, 449 ff.

Martens, Joachim: Normenvollzug durch Verwaltungsakt und Verwaltungsvertrag, AöR 89 (1964), 429 ff.
— Zur Begriffsbestimmung des Verwaltungsaktes, DVBl 1968, 322 ff.
— Die Baugenehmigung — ein Beispiel für die Wirkungsweise des Verwaltungsaktes, JuS 1975, 69 ff.
— Einführung in die Praxis des Verwaltungsverfahrens, JuS 1978, 331 ff., 468 ff., 607 ff.

Martens, Wolfgang: Fehlerhafte Nebenbestimmungen im Verwaltungsprozeß, DVBl 1965, 428 ff.

Maurer, Hartmut: Das Verwaltungsverfahrensgesetz des Bundes, JuS 1976, 485 ff.
— Allgemeines Verwaltungsrecht, 3. Aufl., 1983.

Mayer, Otto: Deutsches Verwaltungsrecht, Bd. 1, 1. Aufl., 1895, 3. Aufl., 1924.
— Deutsches Verwaltungsrecht, Bd. 2, 2. Aufl., 1917.
— Zur Lehre vom öffentlich-rechtlichen Vertrage, AöR Bd. 3 (1888), 1 ff.

Medicus, Dieter: Allgemeiner Teil des BGB, 1982.

Menger, Christian-Friedrich: Höchstrichterliche Rechtsprechung zum Verwaltungsrecht, VerwArch 52 (1961), 92 ff. und 208 ff.
— Zu den Handlungsformen bei der Vergabe von Subventionen, VerwArch 69 (1978), 93 ff.

Menger, Christian-Friedrich / *Erichsen*, Hans-Uwe: Höchstrichterliche Rechtsprechung zum Verwaltungsrecht, VerwArch 58 (1967), 171 ff.

Merkl, Adolf: Allgemeines Verwaltungsrecht, 1927.

Meyer, Hans / *Borgs-Maciejewski*, Hermann: Verwaltungsverfahrensgesetz, 2. Aufl., 1982.

Meyer-Cording, Ulrich: Die Rechtsnormen, 1971.

Middel, Dieter: Öffentlich-rechtliche Willenserklärungen von Privatpersonen, 1971.

Mößle, Wilhelm: Der Verwaltungsakt mit Nebenbestimmungen im Planungsrecht und der verwaltungsgerichtliche Rechtsschutz, BayVBl 1982, 193 ff., 231 ff.

Motive zu dem Entwurf eines Bürgerlichen Gesetzbuches für das Deutsche Reich, Bd. 1, Bd. 3, 1888.

Müller, Horst Joachim: Zum Verwaltungsverfahrensgesetz des Bundes, ein Literaturbericht, Die Verwaltung 1977, 523 ff.

von Münch, Ingo (Hrsg.): Besonderes Verwaltungsrecht, 6. Aufl., 1982.

Münchener Kommentar zum Bürgerlichen Gesetzbuch: hrsg. von Kurt Rebmann und Franz-Jürgen Säcker, Bd. II, 1979.

von Mutius, Albert: Examensklausur öffentliches Recht, Fall aus dem Verwaltungsprozeß — sowie Polizei- und Ordnungsrecht, Jura 1979, 153 ff.

Neupert, Helmut: Die Aufrechnung gegen einen Leistungsbescheid und ihre Stellung im Verwaltungsprozeß — OVG Münster, NJW 1976, 2036, JuS 1978, 825 ff.

Obermayer, Klaus: Der Verwaltungsakt als Gegenstand von Zusagen und Rechtsauskünften, NJW 1962, 1465 ff.

— Grundzüge des Verwaltungsrechts und des Verwaltungsprozeßrechts, 2. Aufl., 1975.

— Das neue Verwaltungsverfahrensgesetz, RiA 1976, 81 ff., 101 ff.

— Leistungsstörungen beim öffentlich-rechtlichen Vertrag, BayVBl 1977, 546 ff.

— Der nichtige öffentlich-rechtliche Vertrag nach § 59 VwVfG, in: Verwaltung und Rechtsbindung, Festschrift zum 100jährigen Bestehen des Bay. Verwaltungsgerichtshofs 1979, S. 275 ff.

— Kommentar zum Verwaltungsverfahrensgesetz, 1983.

von Olshausen, Henning: Landesverfassungsbeschwerde und Bundesrecht, 1980.

Ossenbühl, Fritz: Die Rücknahme von Wohngeldbescheiden und die Rückforderung gezahlter Wohngelder, DÖV 1967, 246 ff.

— Die Handlungsformen der Verwaltung, JuS 1979, 681 ff.

— Regelungsgehalt und Bindungswirkung der 1. Teilgenehmigung im Atomrecht, NJW 1980, 1353 ff.

Osterloh, Lerke: Erfordernis gesetzlicher Ermächtigung für Verwaltungshandeln in der Form des Verwaltungsaktes, JuS 1983, 280 ff.

Palandt: Bürgerliches Gesetzbuch, 41. Aufl., 1982.

Papier, Hans Jürgen: Einwendungen Dritter in Verwaltungsverfahren, NJW 1980, 313 ff.

— Grunderwerbsverträge mit „Bauplanungsabreden" — BVerwG, NJW 1980, 2538, JuS 1981, 498 ff.

Pfander, Nikolaus: Die Zusage im öffentlichen Recht, 1970.

Pieper, Goswin: Zulässigkeit und Funktion des öffentlich-rechtlichen Vertrages im Verhältnis Staat und Bürger, insbesondere im Vergleich zur Funktion des Verwaltungsaktes, DVBl 1967, 11 ff.
— Zur öffentlich-rechtlichen Zusage, VerwArch 59 (1968), 211 ff.

Pietzcker, Jost: Selbstbindungen der Verwaltung, NJW 1981, 2087 ff.

Plog, Ernst / *Wiedow*, Alexander / *Beck*, Gerhard: Kommentar zum Bundesbeamtengesetz, Loseblattausgabe, Stand April 1983.

Püttner, Günter: Zusagen im öffentlichen Recht, JA 1975, 389 ff.
— Wider den öffentlich-rechtlichen Vertrag zwischen Staat und Bürger, DVBl 1982, 122 ff.

Rebhan, Manfred: Öffentlich-rechtliche Verträgen im Bereich des Erschließungs-, Bauplanungs- und Bauordnungsrecht, Diss. Frankfurt 1971.

Redeker, Konrad: Die Regelung des öffentlich-rechtlichen Vertrages im Musterentwurf, DÖV 1966, 543 ff.
— Zum neuen Entwurf eines Verwaltungsverfahrensgesetzes, DVBl 1973, 744 ff.
— Grundgesetzliche Rechte auf Verfahrensteilhabe, NJW 1980, 1593 ff.

Renck, Ludwig: Verwaltungsakt und Feststellungsklage, BVerwGE 26, 161, JuS 1970, 113 ff.
— Zum Anwendungsbereich des Satzes „lex posterior derogat legi priori", JZ 1970, 770 f.

Rengeling, Hans-Werner: Die Konzeptgenehmigung und das vorläufige positive Gesamturteil in der ersten atomrechtlichen Teilgenehmigung, NVwZ 1982, 217 ff.

Ross, Alf: Theorie der Rechtsquellen, 1929.

Rüfner, Wolfgang: Die Rechtsformen der sozialen Sicherung und das Allgemeine Verwaltungsrecht, VVDStRL 28, 187 ff.

Rupp, Hans Heinrich: Zur neuen VwGO: Gelöste und ungelöste Probleme, AöR 85 (1960), 149 ff.
— Zum Anwendungsbereich des verwaltungsrechtlichen Vertrages — OVG Münster, Urt. vom 21. 6. 1960, JuS 1961, 59 ff.
— Der maßgebende Zeitpunkt für die Rechtfertigung des Verwaltungsaktes, in: Rechtsschutz im Sozialstaat, 1965, S. 173 ff.
— Grundfragen der heutigen Verwaltungsrechtslehre — Verwaltungsnorm und Verwaltungsrechtsverhältnis, 1965.
— Formenfreiheit der Verwaltung und Rechtsschutz, in: Verwaltungsrecht zwischen Freiheit, Teilhabe und Bindung, Festgabe aus Anlaß des 25jährigen Bestehens des Bundesverwaltungsgerichts, 1978, S. 539 ff. (zit.: BVerwG-Festgabe).

Sachs, Michael: Die normsetzende Vereinbarung im Verwaltungsrecht, VerwArch 74 (1983), 25 ff.

Salzwedel, Jürgen: Die Grenzen der Zulässigkeit des öffentlich-rechtlichen Vertrages, 1958.

Sauer, Hubert: Die Bestandskraft von Verwaltungsakten, DÖV 1971, 150 ff.

Schenke, Wolf-Rüdiger: Der rechtswidrige Verwaltungsvertrag nach dem Verwaltungsverfahrensgesetz, JuS 1977, 281 ff.

— Rechtsschutz gegen Nebenbestimmungen — BVerwGE 60, 269, JuS 1983, 182 ff.

— Probleme der Bestandskraft von Verwaltungsakten, DVBl 1983, 320 ff.

Scheuing, Dieter Helmut: Selbstbindung der Verwaltung, VVDStRL 40, 1982, 153 ff.

Schick, Walter: Vergleiche und sonstige Vereinbarungen zwischen Staat und Bürger im Steuerrecht, 1967.

Schimpf, Christian: Der verwaltungsrechtliche Vertrag unter besonderer Berücksichtigung seiner Rechtswidrigkeit, 1982.

Schleicher, Helmut: Das Verwaltungsverfahrensgesetz des Bundes, DÖV 1976, 550.

Schmidt-Aßmann, Eberhard: Institute gestufter Verwaltungsverfahren: Vorbescheid und Teilgenehmigung, in: Verwaltungsrecht zwischen Freiheit, Teilhabe und Bindung, Festgabe aus Anlaß des 25jährigen Bestehens des Bundesverwaltungsgerichts, 1978, S. 569 ff.
(zit.: BVerwG-Festgabe).

— Das Allgemeine Verwaltungsrecht als Ordnungsidee und System, 1982.

— Art. 19 Abs. 4 GG als Teil des Rechtsstaatsprinzips, NVwZ 1983, 1 ff.

Schmitt Glaeser, Walter: Partizipation an Verwaltungsentscheidungen, VVDStRL 31, 179 ff.

Schnapp, Friedrich E.: Rezension von Knack, VwVfG, 2. Aufl., 1982, AöR 108 (1983), 136 ff.

Schneider, Hans: Gesetzgebung, 1982.

Schneider, Hans-Josef: Nebenbestimmungen im Verwaltungsprozeß, 1981.

Scholz, Rupert: Anmerkung zu OVG Berlin, JR 1972, 349, JR 1972, 351 ff.

Schütz, Erwin: Beamtenrecht des Bundes und der Länder, Loseblattausgabe, Stand Mai 1983.

Schulz, Elmar: Baudispensverträge, 1964.

Schwabe, Jürgen: Anmerkung zum Urteil des BVerwG vom 17.10.75, DVBl 1976, 715 f.

Schwarze, Jürgen: Der funktionale Zusammenhang von Verwaltungsverfahrensrecht und verwaltungsgerichtlichem Rechtsschutz, 1974.

Selmer, Peter / *Schulze-Osterloh*, Lerke: Der Vorbescheid im verwaltungsrechtlichen Genehmigungsverfahren, JuS 1981, 393 ff.

Skouris, Wassilos: Teilnichtigkeit von Gesetzen, 1973.

Skouris, Wassilos / *Tschaschnig*, Ingo: Übungshausarbeit öffentliches Recht. Probleme des öffentlich-rechtlichen Vertrages, Jura 1982, 493 ff.

Stahl, Henning: Klagen aus öffentlich-rechtlichen Verträgen — Ihr Verhältnis zur Verwaltungsvollstreckung und ihr Rechtsweg, Diss. Münster 1973.

Staudinger: Kommentar zum Bürgerlichen Gesetzbuch mit Einführungsgesetz und Nebengesetzen, 12. Aufl., Allgemeiner Teil §§ 90 - 240 BGB, 1980.

Stein, Ekkehard: Der Verwaltungsvertrag und die Gesetzmäßigkeit der Verwaltung, AöR 86 (1961), 320 ff.

Stein / Jonas: Kommentar zur Zivilprozeßordnung, 19. Aufl., Bd. 2, 1972.

Stelkens, Paul / *Bonk*, Heinz Joachim / *Leonhardt*, Klaus: Verwaltungsverfahrensgesetz, 2. Aufl., 1983.

Stern, Klaus: Zur Grundlegung einer Lehre des öffentlich-rechtlichen Vertrages, VerwArch 49 (1958), 106 ff.

Tipke, Klaus / *Kruse*, Wilhelm: Abgabenordnung, Finanzgerichtsordnung, 10. Aufl., Loseblattsammlung, Stand Juni 1983.

Thomas, Heinz / *Putzo*, Hans: Zivilprozeßordnung, 12. Aufl., 1982.

Tschaschnig, Ingo: Die Nichtigkeit subordinationsrechtlicher Verträge nach dem Verwaltungsverfahrensgesetz. Die §§ 54 ff. VwVfG im Spannungsfeld von Vertragsfreiheit und Legalitätsprinzip, 1984.

Tuor, Peter / *Schneyder*, Bernhard: Das schweizerische Zivilgesetzbuch, 9. Aufl., 1975.

Ule, Carl Hermann: Zur rechtlichen Bedeutung von Ausschlußfristen im Verwaltungsverfahren für den Verwaltungsprozeß, BB 1979, 1009 ff.

Ule, Carl Hermann / *Laubinger*, Hans-Werner: Verwaltungsverfahrensrecht, 2. Aufl., 1979.

Ule, Carl Hermann / *Becker*, Frank: Verwaltungsverfahren im Rechtsstaat. Bemerkungen zum Musterentwurf eines Verwaltungsverfahrensgesetzes, 1964.

Vogel, Klaus: Gesetzgebung und Verwaltung, VVDStRL 24 (1966), 125 ff.

Wahl, Rainer: Der Regelungsgehalt von Teilentscheidungen im mehrstufigen Planungsverfahren, DÖV 1975, 373 ff.

Wallerath, Maximilian: Allgemeines Verwaltungsrecht, 2. Aufl., 1983.

Weber, Eckart: Der Erstattungsanspruch, 1970.

Weber, Hermann: Anmerkung zum Urteil des Bundesverwaltungsgerichts vom 13. 12. 1976, JuS 1976, 818 f.

Weidemann, Clemens: Die Rechtsnatur der Aufrechnung im Verwaltungsrecht — unter besonderer Berücksichtigung des Beamtenrechts, DVBl 1981, 113 ff.

Weides, Peter: Öffentliches Recht: Der mißglückte Ablösungsvertrag, JuS 1978, 841 ff.

Weiß, Fritz: Der öffentlich-rechtliche Vertrag im Musterentwurf eines Verwaltungsverfahrensgesetzes, 1963 — Bestandsaufnahme und Kritik, 1971.

Wolff, Hans Julius / *Bachof*, Otto: Verwaltungsrecht I, 9. Aufl., 1974.

Wolfrum, Rüdiger: Der Ausschluß von Einwendungen im Anhörungsverfahren und sein Einfluß auf den Verwaltungsrechtsschutz, DÖV 1979, 497 ff.

Wulff, Claus Peter: Zwangsvollstreckung aus Verwaltungsverträgen, Diss. Berlin 1970.

Zeidler, Karl: Empfiehlt es sich, die bestehenden Grundsätze über Auskünfte und Zusagen in der öffentlichen Verwaltung beizubehalten? Gutachten für den 44. Deutschen Juristentag, 1962.
(zit.: 44. DJT).

von Zezschwitz, Friedrich: Rechtsstaatliche und prozessuale Probleme des Verwaltungsprivatrechts, NJW 1983, 1873 ff.

Zuleeg, Manfred: Die Zweistufenlehre, in: Verwaltung im Dienste von Wirtschaft und Gesellschaft, Festschrift für Ludwig Fröhler zum 60. Geburtstag, 1980, S. 275 ff.

Printed by Libri Plureos GmbH
in Hamburg, Germany